Pasión por volar

Pasión por volar

Ibu
Alvarado

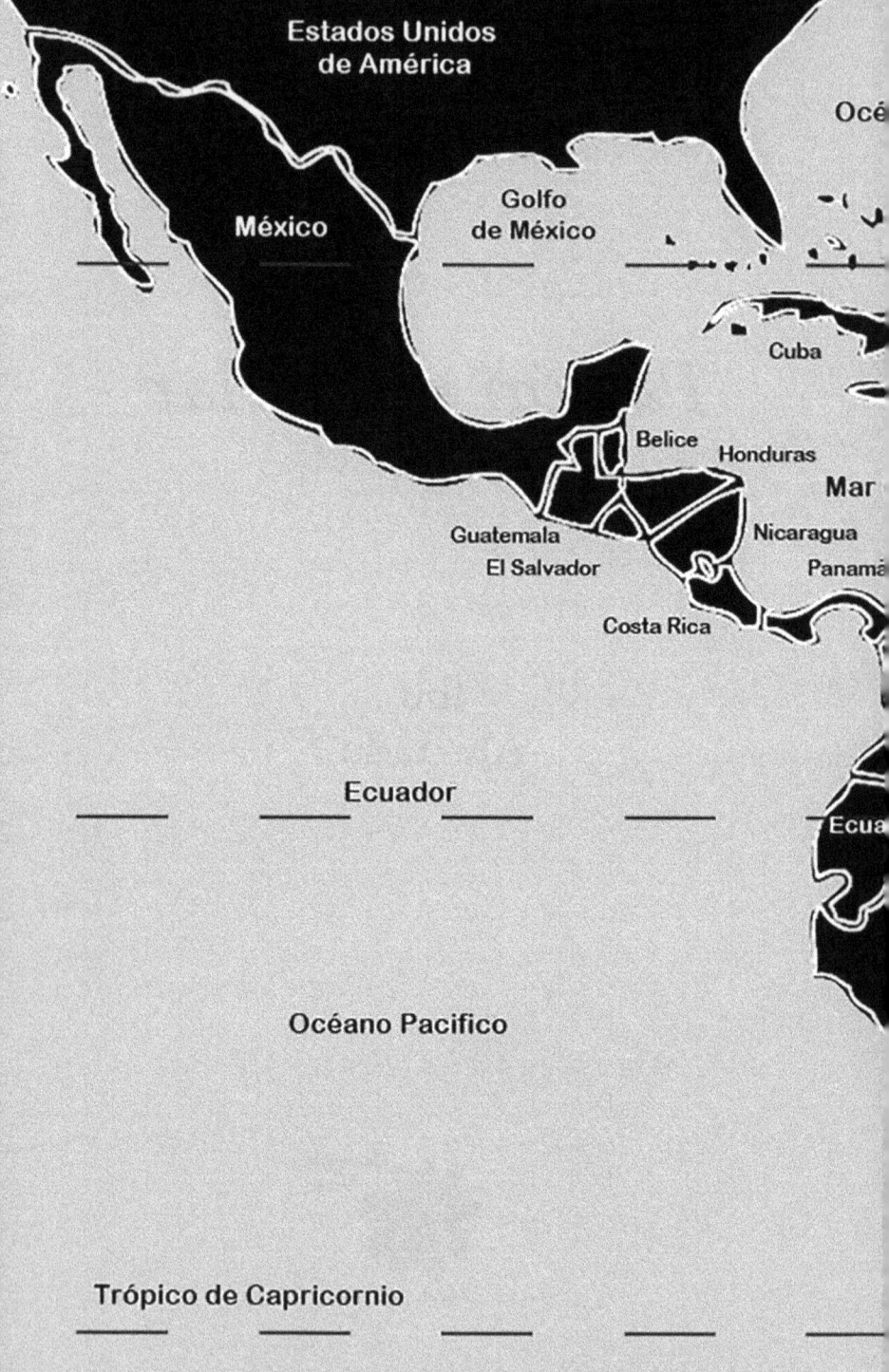

Copyright © 2017, Luis Alonso Alvarado Kinkead
Todos los derechos reservados

920.71
AL76   Alvarado Kinkead, Luis Alonso
            Pasión por volar / Luis Alonso Alvarado
     Kinkead. -- Panamá : Cecropia Press, 2017.
         342p. ; 21 cm.

         ISBN 978-9962-715-08-5 (Tapa suave)
         ISBN 978-9962-715-09-2 (eBook)

     1. BIOGRAFÍAS
     2. PANAMÁ – BIOGRAFÍAS
     3. AVIACIÓN - PANAMÁ
     4. AVIACIÓN – PANAMÁ - HISTORIA   I. Título.

cecropiapress.com

*A Guille Palm y Jimmy Smith.
Amigos aviadores, siempre recordados.*

Índice

Glosario	13
Prólogo	17
Parte 1 - Antecedentes	**21**
1 Primeros recuerdos	23
2 Un mundo aparte y aislado	29
3 El Campo	32
4 Vivencias en el aeropuerto	35
Parte 2 - El comienzo	**43**
5 Desarrollo aeronáutico	45
6 Fumigación aérea	47
7 Lealtad changuinoleña	52
Parte 3 - El aprendizaje	**63**
8 Primer vuelo solo	65
9 Feromonas en pleno vuelo	74
10 Instrucción formal	83
Parte 4 - Piloto licenciado	**91**
11 Aprendiendo haciendo	93
12 Especies exóticas	95
13 Retornitis	100
14 Chuchú el chequeador	105
15 Vuelo estreno	107
16 Sembrador de nubes	111
17 Amerizaje en Narganá	117
Parte 5 - El potente 180	**127**
18 Resurgimiento de un clásico	129
19 La Fiebre Amarilla	133
20 Vuelo de incertidumbre	137
21 Vital oxígeno	141
22 Poseído por el diablo	143
23 La despedido del 180	147

Parte 6 - El Maule determinado 153
   24 El misionero 155
   25 El rescatado 160
   26 El reconstruido 163
   27 El aventurero 166
   28 El averiado 171
   29 El inhabilitado 173
   30 El reparado 177
   31 El reanimado 182
   32 El cumplido 193

Parte 7 - Aero Perlas 205
   33 Otro escalón 207
   34 Cuatro barras 211
   35 Rutina agotadora 218

Parte 8 - Evergreen International Airlines 227
   36 Reclutamiento y entrenamiento 229
   37 Instancias diversas 236
   38 Capitanía 243
   39 Picardía mexicana 249
   40 Misión rechazada 254
   41 Clausura de una etapa 256

Parte 9 - Aventura sobregirada 265
   42 La zanahoria 267
   43 Escala inesperada 274
   44 Puerto Leguízamo 283
   45 Refugio selvático 288
   46 Resignación y determinación 297
   47 Año Nuevo distinto 303
   48 Pesadilla abortada 309

Epílogo 317
Notas 321
Escritos sobre la aviación en Panamá 332
Agradecimientos 335
El aviador 337

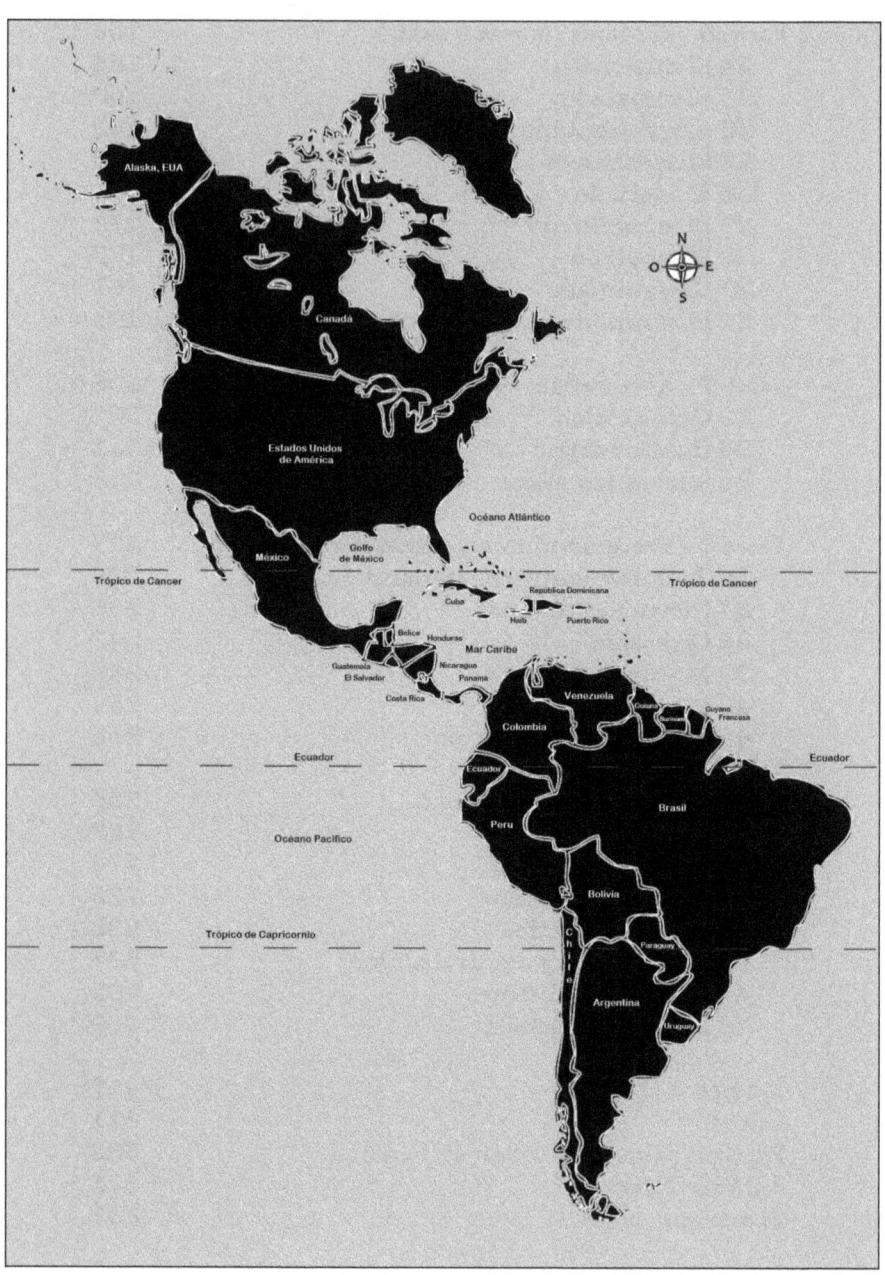

Glosario
Jerga frecuentemente usada en la aviación panameña

Abortar	Acción tomada por el piloto al descontinuar o rechazar un despegue.
Aterrizaje caliente	Aterrizaje con demasiada velocidad.
Brifin	Anglicismo de *Briefing*. Plan verbal por parte del piloto describiendo las acciones a tomar en caso de un fallo en despegue.
Bulto	Tripulante considerado una carga para los demás en la cabina de vuelo.
Cangurear	Rebotar repetidamente al intentar aterrizar.
Canibalizar	Extraer piezas y equipo a una aeronave.
Capotear	Invertir no intencionalmente una aeronave después de un percance en tierra, usualmente en aterrizajes.
Carretear	Desplazar o rodar el avión en tierra.
Cepillar	Aterrizar con precisión y sin rebotar.
Chequear	Anglicismo de *Check Ride*. Comprobar competencia de un candidato en equipo específico.
Comerse el weder	Verse obligado a volar en condiciones climatológicas adversas. Ver "weder" al final de este glosario.

Embarrigar	Aterrizar un avión sin bajar el tren de aterrizaje.
Estolear	Anglicismo de Stall. Perder sustentación de las alas por baja velocidad y exagerado ángulo de ataque de las alas, situación que impide mantener vuelo.
Flaps	En español formal, "aletas de hipersustentación". En la práctica nadie las llama así. Sirven para aumentar la sustentación a bajas velocidades.
Flotar	Seguir volando sin lograr tocar tierra durante un aterrizaje.
Grondear/ Grondeado	(a) Anglicismo de *Grounded Circuit*. Conectar una unidad eléctrica al montante o motor completando el circuito eléctrico a su origen. (b) Anglicismo de *Grounded*. Aeronave o tripulante restringido a no volar por razones técnicas, legales o médicas.
Gronlupear	Anglicismo de *Ground Loop*. Perder control del avión en tierra resultando en una rotación horizontal.
Guindado de la hélice	Avión cuyas alas apenas mantienen sustentación sujeto a las revoluciones de la hélice.
Guindar	Volar como segundo tripulante sin comando para apuntarse horas de vuelo.
Huequear	Buscar huecos en las nubes intentando mantenerse en condiciones visuales.
Limpiar el avión	Retraer los flaps a la posición neutral, 0°.

Meter horas	Acumular horas volando.
Misaproch	Anglicismo de *Missed Approach*. Acción tomada por el piloto al decidirse "irse al aire" o descontinuar su aproximación de aterrizaje.
Overjolear	Anglicismo de *Overhaul*. Restaurar/reacondicionar de manera completa un motor reemplazando todas las piezas internas.
Podrido	Condición climatológica adversa.
Ranqueado	Anglicismo de *Rank*. Poseedor de habilidad y experiencia aeronáutica.
Reventar un avión	Dañar seriamente una aeronave en un accidente.
Romper encima	Ascender a través de una capa de nubes a un cielo despejado.
Said slip	Anglicismo de *Side Slip*. Acción de deslizar el avión con controles cruzados aumentando el descenso para perder altura manteniendo la velocidad. Maniobra usada durante aproximaciones demasiadas altas para realizar un aterrizaje normal.
Silvestre	Piloto que opera en áreas marginales y en pistas imperfectas.
Solear	Volar solo por primera vez sin asistencia de un instructor.
Weder	Anglicismo de *Weather*. Condición climatológica.

Prólogo

Al alcanzar nuestra altitud asignada para este vuelo, 15,000 pies sobre el nivel del mar, reduzco el torque de los motores y le pido al copiloto que ajuste las revoluciones de las hélices para vuelo de crucero. Desde los 10,000 pies llevo puesta la máscara de oxígeno, ya que esta aeronave no es presurizada por lo que las regulaciones requieren oxígeno suplementario después de 30 minutos por arriba de esta altitud de noche. No hay mucho tráfico y las conversaciones entre aviones y controladores en tierra son esporádicas en este tramo del vuelo. Son pasadas las nueve de la noche y estoy al mando de un turbo-hélice STOL de fabricación española, el Casa 212-200, en ruta desde Santa Marta a Bogotá, Colombia.

La noche está clara y estrellada. Por delante diviso las luces de los poblados en la ribera del río Magdalena, uno de los más emblemáticos de América del Sur, que atraviesa 500 kilómetros del territorio colombiano. En pocos minutos estaremos sobrevolando Barrancabermeja, que es un punto de reporte y estimamos arribo en Bogotá poco antes de las once de la noche, cumpliendo ajustadamente el tiempo en servicio que se les impone a tripulantes en un vuelo de este tipo. Le indico al copiloto que tome el mando de los controles y me dedico a llenar la bitácora. Rápidamente lleno los espacios que requieren información técnica así como de personas o carga abordo. En este vuelo se supone que llevo un equipo que consiste de especialistas en el ramo sanitario de la embajada de los Estados Unidos conformado por doctores, dentistas y veterinarios. Si bien puede ser que sean idóneos en la rama en que se identifican, también sé que son miembros de las Fuerzas Especiales del Ejército estadounidense. El silencio reina en la cabina de mando, tal vez por estar cansados ya que este viaje originó en Liberia, Costa Rica, sin sospechar que al llegar a Panamá nos tocaría salir al poco rato para Santa Marta a cumplir con esta asignación.

Sin embargo, me siento sumamente complacido y lleno de tranquilidad. Y es porque en esta noche clara, desde la cabina puedo admirar la inmensidad del universo y siento que jamás podré volver a tomar las cosas por sentado. Es una sensación que se queda con uno por el resto de la vida. Pero, ¿cómo es que estoy aquí, volando este avión en una noche tan espectacular y para rematar, remunerado? ¿Dónde empezó todo, cómo se llevó a cabo, quienes fueron los protagonistas para que llegara a este momento?

Esa noche, el 8 de mayo de 2007, fue cuando decidí compartir mis experiencias relacionadas con esa pasión por volar que llevo desde que tengo memoria. Lo plasmado aquí es de una forma u otra una expresión de gratitud a aquellas personas que me animaron para alcanzar y cumplir esa pasión.

Aclaro que no pretendo que esto sea una novela, con secuencia cronológica sino una compilación de situaciones vividas por mí como piloto, como pasajero, o como simple observador en el entorno de la aviación. No se debe ser muy exigente en cuanto a fechas exactas, exceptuando cuando he podido recurrir a mi bitácora de vuelo o a mi librito rojo, el depositario de mis memorias aeronáuticas. Aunque ambos reflejan exactamente el "dónde" y "cuándo", solamente el librito rojo contiene el "cómo" y el "por qué". El lenguaje que he usado es genérico, pero sin apartarme totalmente del tecnicismo que se da en todo vuelo. En cuanto a mediciones, usé el sistema de medición inglés para terminología aeronáutica que ha sido lo tradicional en la aviación. Por último, este escrito no es sobre la vida de un aviador intrépido con experiencias excepcionales, sino simplemente vivencias de un apasionado por la aviación. Y todo empezó en Changuinola, región bananera en la provincia de Bocas del Toro, República de Panamá.

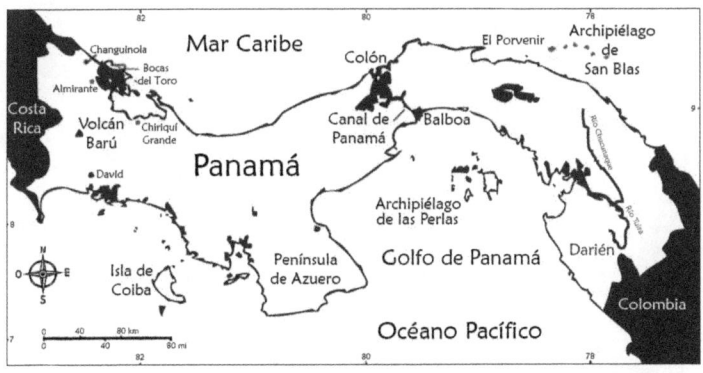

Parte 1
Antecedentes

1 Primeros recuerdos
2 Un mundo aparte y aislado
3 El Campo
4 Vivencias en el aeropuerto

Capítulo 1
Primeros recuerdos

Mi primera memoria de aviones es de cuando oía el rugido de los DC-3 volando por arriba de mi casa en Finca 8. Iban con los motores en potencia de ascenso rumbo sur hacia la cordillera. Su origen: Changuinola, su destino: David. Paraba lo que estuviese haciendo para verlos e imaginarme yo volándolos. Son memorias vagas. Más que eso, no me acuerdo de mucho. Pero lo que sí tengo grabado claramente en mi memoria es de cuando un día me tocó vivir dos experiencias únicas que pienso que fue lo que me hipnotizó con el vuelo.

En esa ocasión, acompañaba a mi mamá de Sixaola, en la frontera costarricense-panameña, a San José, Costa Rica, vía Puerto Limón. Ese día fui partícipe de dos eventos en vuelo que se pueden catalogar como predestinados. Algo no esperado y menos para un pasajero de cinco o seis años. No fue hasta después de muchos años que entendí qué fue lo que se suscitó ese día. Lo raro de todo esto fue el impacto positivo que grabaron estos sucesos en mí en cuanto a la aviación; lo contrario hubiese sido más comprensible.

Para llegar a Sixaola desde Changuinola había que trasladarse por vía férrea hasta la frontera. Allí se montaba uno en una mesilla sobre rieles tirada por una mula hasta el potrero donde llegaban los aviones que hacían la conexión a Puerto Limón para entonces proseguir a San José. El avión era un monomotor Cessna 170 de 4 plazas. En Limón se hacía el trasbordo a un DC-3 de Líneas Aéreas Costarricense S.A. (Lacsa) para el vuelo a San José.

El piloto y dueño del 170 era de apellido Vanolli. Él era todo un personaje. Con su quepis de piloto, camisa blanca con mangas corta enrolladas casi hasta los hombros, una cuchilla a cinto, unos anteojos Ray-Ban de aviador y unas turrialbas, como eran conocidos esos botines de cuero con correas, muy populares en Costa Rica en esos años. Vanolli era elocuente y simpático. La empresa consistía de un solo aparato, el Cessna 170, un solo piloto, él, y un solo mecánico, él mismo también. Ese día íbamos 3 pasajeros, una máquina de coser, maletas y varios sacos llenos de pepas de cacao secas. La pista era un potrero en la Finca Costa Rica donde la compañía frutera (*United Fruit Company*, UFCo) cultivaba cacao, y que colindaba con el río Sixaola. En todo el medio del potrero, las ruedas de los muchos aterrizajes y despegues habían dejado marcado el trillo a seguir para estas operaciones. El trillo no era largo, pero el potrero sí. Yo iba en el asiento de atrás con mi mamá donde podía observar todas las maniobras que hacía Vanolli. Ya arrancado el motor y probado los magnetos, que le dan la chispa a las bujías, veía cuando Vanolli estiraba el brazo y con la mano tocaba de manera reverente una virgen de plástico que estaba colocada encima del panel de instrumento y se santiguaba. Al Vanolli acelerar el avión y al ir cogiendo velocidad en la carrera de despegue, con la cola del avión ya levantada se podía ver donde acababa el trillo. Ese despegue no era distinto a todos los anteriores que me habían tocado en esa pista. Cuando llegaba a ese punto, al final de trillo, halaba de un tirón una palanca que estaba en el piso al lado derecho de su asiento y el avión se englobaba y volaba a escasos pies sobre el suelo por un largo trecho hasta que después de un buen rato, empezaba a ascender lentamente. No fue hasta años después volando en Paitilla, que entendí por qué lo hacía: Estaba aplicando una práctica acostumbrada por pilotos que operan desde pistas marginales basada en el fenómeno de *ground effect*[1-A]. Esta operación, aunque probada y efectiva, depende en un factor importante: No deben haber obstrucciones delante de la trayectoria del vuelo. Sixaola cumplía con ese requisito.

Esa mañana, después del despegue, y al establecerse en un ascenso, Vanolli se enrumbó hacia la costa del mar Caribe y niveló el 170 a lo que calculo serían unos 1,500 pies de altitud. A lo lejos se vislumbraba una cortina de lluvia que se extendía en toda la trayectoria de nuestra ruta, a lo que giró el avión desviándonos hacia el oeste, hacia tierra adentro, donde la precipitación se veía más ligera. Al este estaba el Mar Caribe, que aunque sin obstrucciones, sería difícil orientarse sin puntos de referencia fijos en el terreno. El 170 de ese vuelo debe haber contado con lo que era instrumentación básica de navegación para esos días, un buscador automático de dirección (*Automatic Direction Finder*, ADF) que apunta a la estación que se sintoniza, usualmente una radio emisora comercial. Al cabo de varios minutos de estar tratando de encontrar un paso entre la lluvia, descendió a unos 200 pies sobre el terreno y una vez que penetró la cortina de lluvia, la visibilidad horizontal se disminuyó, todo se oscureció y solo se podía distinguir el terreno por debajo del ala y eso con mucha dificultad. En una de esas abrió la ventana de su lado e intentó sacar la cabeza viendo hacia abajo causando que los pasajeros que veníamos en el asiento de atrás quedáramos totalmente empapados en cuestión de segundos. En eso el motor empezó a toser. Vanolli dio un sobresalto, y lo noté frenéticamente halando y empujando maniguetas del panel de instrumentos. No me acuerdo haber sentido miedo o pánico, tal vez sí, pero lo que sí recuerdo es que todos estábamos callados, incluyendo a Vanolli. Aunque el motor dejó de toser de manera continua, a ratos volvía y se estremecía como queriéndose apagar. Se le veía atento ante la situación. Se puso a volar en forma de S viendo hacia abajo. Buscaba un lugar familiar con qué orientarse.

—¡Ahí está! —acuerdo haberle oído exclamar. Era una línea de ferrocarril. Se le vio en la cara un gran alivio. Volamos por unos minutos más a baja altura y de pronto apareció un claro bordeando el ferrocarril. Circuló y se enfiló para aterrizar en otro potrero-pista. Habíamos aterrizado en Siquirres, otra finca de la UFCo.

Igual que con la maniobra del despegue, no fue hasta años después que pude deducir que era agua de lluvia que le entró al carburador por la toma de aire ubicada en el frente del avión. Vanolli lo que hizo fue rápidamente halar el control para cerrar la entrada de aire, y en este caso, lluvia, por la toma, y a su vez alimentar el carburador con aire caliente de los escapes, una maniobra necesaria en circunstancias como ésta, volando en precipitación, sea lluvia, nieve o granizo. Si bien se pierden revoluciones del motor por utilizar el aire caliente, funciona continuamente.

Al rato de estar en tierra el aguacero se dispersó y escampó.

—¡Móntense que nos vamos!

Arrancó el motor, lo probó y salimos para Limón bajo un radiante sol y con visibilidad ilimitada. Ya pasado el susto, Vanolli volvió a su habitual comportamiento. Se le veía tranquilizado. No era para menos.

Al aterrizar en Puerto Limón, el DC-3 de Lacsa estaba esperando el vuelo de Sixaola que venía retrasado por el mal tiempo que habíamos encontrado. Mi mamá y yo, a insistencia mía, nos ubicamos en la primera fila, yo en el pasillo para así poder ver la cabina de mando. De niño, como pasajero en los DC-3, siempre fue mi asiento predilecto. Este vuelo llevaba de auxiliar a un varón, algo que recuerdo vívidamente que me desilusionó, pues las azafatas de Lacsa eran atentas y simpáticas, todas, algo que aún a esa temprana edad apreciaba. Pero además, para mi disgusto, el auxiliar, que debió ser un pichón de piloto o algo así, se colocó en todo el centro de la puerta de la cabina, impidiéndome a mí la vista de la cabina de mando. ¡Qué suerte la mía!

Al piloto aplicarle la potencia a esas máquinas radiales Pratt & Whitney, el avión entero vibró, rompió su inercia y empezó a desplazarse por la pista de arena adquiriendo mayor velocidad con cada segundo. Sentí la cola levantarse y el coleteo de la misma. Me imaginaba al piloto trabajando el timón de cola con los pedales para mantenerse alineado con la angosta pista, la mano izquierda en la cabrilla y la derecha accionando las palancas de potencia. Ya listos para levantar vuelo, sentí que el avión hizo un giro brusco a la izquierda mientras que el auxiliar pegó un salto y se arrojó sobre la primera silla desocupada que encontró, abrochándose rápidamente el cinturón de seguridad y poniendo los pies contra el mamparo que separaba la cabina de mando de la de los pasajeros. El avión volvió y se enderezó, bajó la cola y sentí que se desaceleraba poco a poco. Al estar regresando el avión a la terminal, me percaté que el motor izquierdo venía apagado. No tenía ni idea de lo acontecido, pero sabía que era algo de consideración cuando ya estacionados en la rampa, nos informó el piloto que debido al daño del motor, tendríamos que esperar otro avión que vendría desde San José a buscarnos. Nos mandaron a bajarnos del avión y la empresa nos trasladó a la ciudad al Gran Hotel Caribe a almorzar mientras llegaba el avión de reemplazo.

Lo que había pasado, y esto nuevamente lo pude deducir años después, fue un fallo en el motor crítico, el número uno, el izquierdo, y en el peor momento que es en un despegue[1-B].

Habiendo vivido ambas emergencias en un mismo día, fue algo que se me grabó en la mente. Años después me tocaron situaciones similares no como pasajero sino ya como piloto, lo que me hacen pensar que ese día en esos vuelos de alguna manera me ayudaron a prepararme para lo que me venía, ya que lo que más me impresionó fue la serenidad con que se enfrentaron esos pilotos en esas dos inciertas situaciones.

Capítulo 2
Un mundo aparte y aislado

Nací y me crié en el área de Changuinola, una región que debido a lo incomunicada que estaba del resto del país que, al llegar la aviación, fue como una bendición. Mi memoria más temprana es estar viajando en aviones. Ya sea en los DC-3[2-A] de Compañía Panameña de Aviación (Copa) o de Lacsa o en los Cessna de Vanolli.

Antes de que existiera servicio aéreo regular entre la capital y Changuinola, solo existían dos maneras de trasladarse desde Changuinola a David, por ejemplo.

La primera opción consistía en tomar un tren desde Changuinola hasta el puerto de Almirante, de ahí una lancha, la Talamanca o la Changuinola, ambas operadas por la *Chiriquí Land Company* (CLC), subsidiaria de la UFCo, hasta Bocas del Toro en la isla Colón (Bocas). Una vez en Bocas, se embarcaba en uno de los barcos de cabotaje que partían al atardecer y al amanecer del día siguiente atracaban en el puerto de Colón. Los barcos Stella Maris y el White Shadow de la familia Surgeon eran dos de los que brindaban este servicio. Afortunadamente, todo esto era mucho antes de haber nacido yo. Una vez desembarcado en Colón, se tomaba el tren de pasajeros de la *Panama Railroad Company* hasta la ciudad de Panamá. Y si el destino del viajero era David, se iba por vapor rondando la península de Azuero hasta Puerto Pedregal en Chiriquí. Ese viaje podía tomar hasta 24 horas. Una vez desembarcado en Pedregal, se seguía por tren del Ferrocarril Nacional de Chiriquí hasta David. Al ser inaugurada la carretera entre Panamá y David en 1931, existió esta otra opción, que era vía transporte terrestre y tomaba entre doce a veinte horas dependiendo en la época del año. Ambas rutas eran agotadoras por decir lo menos.

La segunda opción requería también trasladarse vía férrea a Almirante donde se tomaba una lancha hasta el embarcadero de Chiriquí Grande, en Bocas del Toro, para entonces desplazarse por el camino de herradura conocido como La Cuesta hacia Caldera, Chiriquí, atravesando la Cordillera Central a pie y en partes a lomo de caballo o mula. Ese trecho podía tomar de dos a tres días. Cabe notar que la distancia entre David y Changuinola, a vuelo de pájaro, es de aproximadamente 60 millas náuticas. Esta travesía a Chiriquí Grande, Bocas del Toro, la hicieron mis abuelos maternos Kinkead a principios del siglo pasado y nuevamente de regreso con mi mamá recién nacida hasta Boquete, Chiriquí.

Al iniciar el servicio regular de Copa y Lacsa a Changuinola se abrió un compás de progreso para la región por un tiempo, pero por razones que pudiesen haber sido técnicas o económicas, primero Lacsa y después Copa dejaron de prestar ese servicio a Changuinola. Ese vacío obligaba a los pasajeros de Changuinola que deseaban viajar a David o a Panamá, madrugar para tomar un tren hasta Almirante, de ahí una lancha hasta Bocas, para esperar tomar uno de los tres vuelos semanales de Copa a David o Panamá. En esos días la puntualidad ni el cumplimiento eran la norma, por lo que generalmente las esperas se podían extender todo un día o en algunos casos, hasta el día siguiente. Sin embargo, no recuerdo haber sentido inconveniente alguno en esa molestia, pues además de pasar la noche en la pensión de Angelina Mama Peck, el resultado final era, para mí, el enorme placer de volar en un avión.

Exentos de estas penurias estaban los empleados de alta jerarquía en la UFCo o altos personeros del gobierno central, ya que ambas instituciones tenían aeronaves propias a su disposición.

Debido a esta imperante realidad, es fácil comprender por qué en esa apartada región como lo fue la provincia de Bocas del Toro por muchos años, el avión y sus pilotos, llegaron a ser tomados en alta estima por los changuinoleños.

Capítulo 3
El Campo

Una franja de terreno donde se practicaba el golf, se jugaba beisbol y durante las celebraciones del 3 y 4 de noviembre se llevaban a cabo carreras de caballos y bicicletas, era la pista de aterrizaje en Changuinola. El Campo, como era comúnmente conocida, estaba ubicada en *Base Line*, nombre que adquirió el lugar donde se trazó la línea base en 1909 para el ferrocarril que uniría a las fincas bananeras con el recién inaugurado puerto de Almirante.

Base Line era en esos días el centro administrativo de la región agrícola, donde se encontraba la Corregiduría, Correos, Cuartel de Bomberos, Estación de Policía, y escuela pública, y por supuesto, lo más importante, El Campo. Las demás sedes de otras entidades tales como el hospital, dispensarios rurales, comisariatos, suministro de agua y electricidad, y recolección de basura estaban esparcidas en distintos lugares y eran administradas por "la Compañía" como se le refería a la UFCo, y cuyas oficinas estuvieron basadas primero en Bocas, después en Guabito, posteriormente en Almirante y finalmente en Finca 8, Changuinola. Aunque no se ha logrado establecer exactamente cuándo fue el inicio del uso de esa franja para aterrizar aviones, sí se sabe que la UFCo operaba desde el principio de la década 1920 aeronaves basadas en Honduras para el transporte de sus ejecutivos entre sus operaciones bananeras en Centro América, Panamá y Colombia, por lo que es muy probable que hayan sido ellos los primeros en usarla. Registros indican que en aquellos años, el señor Henry S. Blair, gerente de la División de Bocas, arribó a Almirante en un anfibio. La UFCo tuvo en su inventario distintos tipos de aviones: Fokker Universal, Stearman C-2, Lincoln Standard, Beechcraft DS18, Cessna 180, Douglas DC-3, Cessna 310, Piper PA-31 Navajo, y por último un Beechcraft B-200 bautizado como *Sweet Bocas* basado en Changuinola.

La pista de Changuinola fue clausurada varias veces por una u otra razón, pero durante esos períodos que estuvo inhabilitada, la UFCo mantenía comunicación entre Changuinola y el resto de las operaciones bananeras dentro y fuera del país usando una pista de aterrizaje en Sixaola, en el lado costarricense, a la cual se llegaba por vía férrea. Mis padres y hermanos, antes de yo nacer, habían viajado desde Progreso, Chiriquí, hasta Sixaola en avión, al ser mi papá trasladado en 1943 por la CLC, desde la División de Puerto Armuelles en Chiriquí a la División de Bocas en Changuinola para formar parte del proyecto de siembra de abacá[3-A]. Aunque no hay registro exacto de quien haya sido el piloto, según las narraciones de mi papá, era Marcos A. Gelabert[3-B].

Durante los años de la Segunda Guerra Mundial, cuando inicia el proyecto de siembra de abacá, esta pista jugó un papel importante como centro de acopio de la gran cantidad de centroamericanos que se reclutaban para trabajar en el recién desarrollado proyecto. Tranporte Aérea Centro Americano (Taca), compañía iniciada en 1931 en Honduras, fue contratada para traer a artesanos y trabajadores agrícolas hondureños, salvadoreños y nicaragüenses con sus familias. Personas consultadas que vivieron esos días aseguran que Taca utilizó tanto trimotores como bimotores, por lo que se puede asumir, con algo de certeza, que eran los Ford Tri-motores y los Lockheed

Electra, ya que eran los que operaba en ese período. De ser así, esos vuelos serían los primeros vuelos comerciales a Changuinola. Posteriormente en 1946, Taca, en su itinerario de Albrook, Zona del Canal, a San José, Costa Rica, incluyó a Changuinola como escala. Changuinoleños que recuerdan esos años aseguran que eran aviones DC-3. Y es muy probable, ya que para ese tiempo, Taca introdujo a su flota equipo DC-3. En 1947 Copa inicia el transporte de pasajeros y carga uniendo a Changuinola con Panamá y David por primera vez. Por un corto período, Lacsa conectó a San José, Costa Rica con Changuinola, con escala en Puerto Limón. Ambas compañías operaban los aviones DC-3.

Al suspender Lacsa sus vuelos a Changuinola, Copa quedó sola prestando servicio a Changuinola dos o tres veces por semana. Su agente, Saúl Cholo García, se trasladaba por tren desde Almirante a Changuinola los días que había vuelo. Para tener seguridad de cupo, los boletos se tenían que comprar con anticipación en su tienda en Almirante, lo que era inconveniente a los viajeros que no vivían allá. Al no existir transferencias bancarias ni tarjetas de crédito, hacía que este trámite fuera toda una odisea. El tener acceso a un teléfono y ser contado entre sus amigos fiables era una gran ayuda para obtener un boleto de antemano.

Capítulo 4
Vivencias en el aeropuerto

Con el inicio de la actividad aeronáutica a mediados de los años 50, y para apoyo a estas operaciones, la CLC adecuó la pista de aterrizaje y cedió una casa de dos pisos al lado de la pista que llegó a ser la terminal del aeropuerto por muchos años. La casa, de las asignadas a los empleados con rango de capataces, era de madera y dos pisos, techo de zinc, y con ventanas de malla de alambre. El primer piso contaba con tablones clavados a la pared que servían de bancos, un mostrador y una antigua romana para pesar tanto la carga como a los pasajeros. Al fondo había un baño. Con el tiempo, distintas compañías despachaban desde ese mismo edificio, no solo inadecuado debido a su tamaño, sino porque también acomodaba un depósito de carga y un escritorio del policía que apuntaba la matrícula de los aviones que llegaban en un cuaderno escolar. La recién formada aerolínea Rutas Aéreas Panameñas S.A. (Rapsa) al ser la primera compañía en reanudar vuelos a Changuinola ocupó la terminal para atender los pasajeros de sus primeros tres aviones: dos Boeing 247 y un Lockheed Electra los tres de diez pasajeros. Con esta nueva aerolínea tampoco existía garantía de un cupo en el vuelo hasta el último minuto antes de abordar. Elsie Howard, la encargada de Rapsa en Changuinola, llegó a ser tan importante en la región como lo era el gerente de la CLC. La amistad y el rango influenciaban en quien obtenía puesto o no.

La comunicación aire-tierra era con un radio de Alta Frecuencia (*High Frequency*, HF) que le permitía, esporádicamente comunicarse con el avión aproximándose para informarle de las condiciones climatológicas. Elsie se encargaba de estimar las condiciones. Sus reportes eran rudimentarios pero muy apreciados por los pilotos: "Rapsa, Rapsa, aquí Changuinola. Está lloviendo pero se ve el tanque. El viento es del sur como a 10 nudos", transmitía de manera autoritaria Elsie. El tanque al que se refería, era el enorme tanque de agua de metal pintado de plateado a 100 pies de altura ubicado en la trayectoria de la pista 21 a una milla de la cabecera. Ese era el determinante que usaban los pilotos aproximando a Changuinola con lluvia y baja visibilidad: Si no ves el tanque a los 30 segundos después de cruzar la línea de la costa, te vas al aire...si lo ves, baja *full flaps* y continúa con la aproximación... la pista está ahí más adelante. Me consta, pues es una de las anotaciones en mi librito rojo, producto de cuando años después me tocó usar ese procedimiento como piloto de Aero Perlas.

Cuando reentra Copa al ruedo, nombra como su agente en Changuinola a Malcolm a quien le tocaba compartir el local con Elsie, que por antigüedad era la que sentaba las pautas. La competencia entre Elsie y Malcolm era notable a leguas. Uno como pasajero, o estaba alineado con uno o se estaba con el otro, pero no se podía estar con ambos a la vez. Así de tenaz era la cosa.

Ya por el año 1959, yo tenía un negocio después de clases de repartir periódicos a domicilio. Los periódicos llegaban en los tres vuelos semanales de Copa desde Panamá. Mi modo de repartición era a caballo. Me ganaba tres centésimos por periódico vendido y debido a lo irregular que eran los vuelos, muchas veces recogía periódicos con más de dos días de retraso y aunque mis clientes aceptaban los periódicos atrasados, a fin de mes a la hora que me tocaba cobrar, me reclamaban que los periódicos no eran del mismo día y no me pagaban. Está demás decir que el negocio no era lucrativo. Fracasó y lo dejé. Pero lo codiciado de esa actividad era que me daba una excusa para pasar por el aeropuerto. Acababan de llegar los biplanos Stearman PT-17 para fumigar los bananales y en las tardes los preparaban para los vuelos del día siguiente. Los sábados cuando no había vuelos de Panamá y no tenía que asistir a clases, me trasladaba al aeropuerto desde temprano a ayudar en lo que fuera con tal de estar en ese ambiente de aviones y pilotos.

Estar en el aeropuerto a la hora de llegada y salida de aviones era un acontecimiento que nadie que podía se lo perdía. Unos iban a recibir o despedir a familiares, otros iban por el periódico, pero los más por buscar entretenimiento en un lugar donde no abundaba. Apenas aterrizaba el avión y paraban los motores, los en tierra rodeaban la puerta de salida o se colocaban debajo del ala para recibir y saludar o simplemente curiosear a quienes se bajaban. Estar bajo el ala también servía para protegerse tanto del radiante sol como de las constantes lloviznas. Esta informalidad permitió que existiera empatía entre pilotos con los changuinoleños por lo que cada pasajero tenía preferencias en cuanto a aerolínea como en cuanto a piloto. Pero lo más provechoso de ser un constante visitante al aeropuerto era que a menudo se suscitaban acontecimientos inolvidables, como la vez que se le prendió un motor durante el arranque del DC-3 de la compañía Aerovías de Panamá (Avispa) que causó una estampida colectiva de los curiosos. O cuando cargaron varios Manatí capturados en la laguna del río Changuinola en un C-47 de la Fuerza Aérea de los Estados Unidos (*United States Air Force*, USAF) para trasladarlos al Canal de Panamá para controlar las malezas acuáticas. O cuando el capitán Manuel Niño, con Jorge Chial de copiloto, en un Boeing 247 de Rapsa les tocó embarrigarlo porque no le salía el tren de aterrizaje. O cuando un DC-3 de Rapsa al mando de James Red Grey[4-A] y Quielito Ledesma de copiloto se atascó en lodo, que al no lograr salir con potencia de sus motores, tocó halar con dos chapulines o tractores agrícolas y decenas de voluntarios empujando. O como cuando Billy Earle tuvo que arrancar uno de los motores de su DC-3 de Copa con una soga enrollada al cono de la hélice y halada por un pick-up. O cuando un C-47 carguero de Rapsa desembarcó el primer carro privado traído a Changuinola, un Mini-Morris de Pucho Sánchez. O cuando se soltaron varios toretes al estar desembarcándolos de un Curtiss-46 de la compañía Internacional de Aviación (Inair) y que convirtió a la barriada del Cuadrante en una pequeña Pamplona criolla. O presenciar el primer aterrizaje de un avión jet, un Yak-40 de Aeroflot en vuelo de demostración. O cuando un C-47 de la Fuerza Aérea Panameña ya en su último segmento del aterrizaje se salió de la pista y quedó con la nariz incrustada en el hangar de Atomizadora de Panamá (Atopan). Eran espectáculos no anticipados, pero memorables, que solo los asiduos al Campo, como yo, conseguían ser testigo de ellos.

En el extremo sur de la pista estaba la planta de generación eléctrica, en frente de la otrora planta de abacá, con un cableado de alta tensión de una altura aproximadamente de 50 pies y al otro extremo, al norte, había una hondonada de 50 pies o más de profundidad que había sido el cauce de un afluente del río Changuinola. Si bien la dirección y velocidad del viento eran los determinantes de cuál de las pistas usar, en condiciones de viento calmo, los aterrizajes se acostumbraban hacia el suroeste (pista 21) y los despegues al noreste (pista 03), evitando el cableado de alta tensión. La casa de la familia Sánchez quedaba en toda la cabecera de la pista 03, y el estruendo era impactante al pasar esos aviones a escasos pies por encima del techo en finales para aterrizar. O peor aún, verlos venir a toda velocidad de despegue directamente hacia la casa antes de levantar vuelo tiene que haber sido un momento de suspenso.

La pista era originalmente de grama y de una adecuada dimensión tanto de largo y ancha para los aviones de esa época. Al prepararse los aviones para despegar hacia el norte, con la cola hacia la planta de eléctrica, corría la muchachada y los perros que nunca faltaban a ponerse detrás del avión para desafiar el fuerte viento que producían los motores al aplicársele máxima potencia. El reto era mantenerse parado durante el momento inicial de la carrera de despegue. Al pasar los años y una vez que se incrementó la actividad de aviones de distintas compañías, la Dirección de Aeronáutica Civil de Panamá (DAC) empezó a regular las actividades adyacentes al aeropuerto. Se restringió a la muchachada de ese deporte, pero a los perros nadie los pudo controlar hasta años más tarde cuando adecuaron el aeropuerto con una moderna terminal, estacionamientos, torre de control, y una cerca perimetral de alambre ciclón. Desde ese momento, el campo nunca más fue lo mismo. Había perdido su personalidad. Fernando Banano Bogantes llegó a ser el primer administrador del aeropuerto nombrado por la DAC.

Izquierda: Mi primer héroe, el capitán Francisco Vanolli Collado, piloto de Lacsa y fundador de Expreso Aéreo Costarricense, EXACO, en Limón, Costa Rica.

Abajo: Pista 21, Aeropuerto Manuel Niño de Changuinola, Panamá.

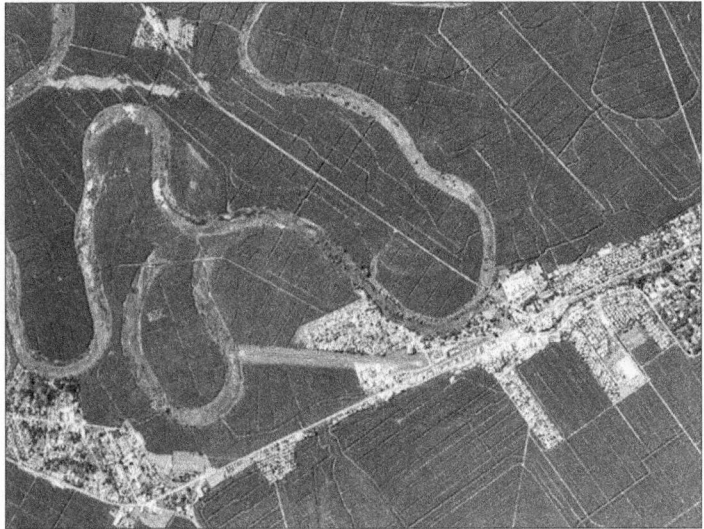

Arriba 1: Ford Tri-motor similar a los que usó Taca para transportar mano de obra centroamericana a Changuinola en los años 40.

Arriba 2: Vista aérea de *Base Line*, donde se ubica la pista de aterrizaje de Changuinola. Se aprecia la zanja en la cabecera de la pista 21. En la pista 03 se observan las edificaciones al comienzo de la pista. Map data ©2015 Google.

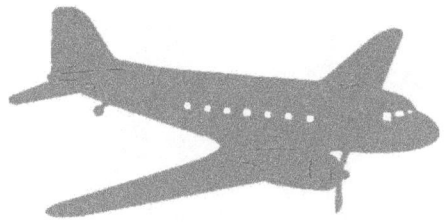

Parte 2
El comienzo

5 Desarrollo aeronáutico
6 Fumigación aérea
7 Lealtad changuinoleña

Capítulo 5
Desarrollo aeronáutico

El fortalecido y renovado nivel de inversión en la industria bananera a fines de los años 50 y principio de los 60, significó un auge en pasajeros y carga hacia Changuinola. Esto motivó la formación de compañías aéreas dedicadas a suplir la demanda con vuelos de itinerario.

Aunque originalmente tanto Taca, Lacsa y Copa habían iniciado servicio aéreo a Changuinola desde 1946, y en 1956 Avispa, fue Rapsa la que primero llegó a llenar el vacío dejado por Copa a mediados de la década de los 50, con vuelos regulares desde el Aeropuerto Marcos A. Gelabert "Paitilla"[5-A] en Panamá, en los Boeing B-247 y Lockheed Lodestar. Al poco tiempo llegó a operar los DC-3 y posteriormente un Martin 202. Copa reinició operaciones a Changuinola con sus DC-3, y años más tarde con el Convair CV-340, Martin 404 y finalmente el Avro 748; Panacarga operó un Convair CV-580; Aerolíneas Urracá entró a competir con su DC-3; Alas Chiricanas quien reemplazó a Copa en 1980 en esta ruta nacional con DC-3 y posteriormente con Bandeirante EMB 110 y DeHavilland Dash-7.

En los años de máxima operación, hubo momentos que los aviones no cabían en la rampa de estacionamiento del aeropuerto, hoy Aeropuerto Internacional Capitán Manuel Niño. Todo esta actividad aerotransportada se vio afectada cuando en 1984, se abrió la carretera del oleoducto de Charco Azul, Chiriquí, a Chiriquí Grande en Bocas del Toro. A los pocos años se terminó de construir el tramo de carretera de Changuinola a Almirante, que causó una merma aún más acentuada en la actividad. La conclusión del tramo de Almirante a Chiriquí Grande en 2000, conectó toda la provincia bocatoreña desde la frontera en Guabito con el resto del país. Aquel auge aeronáutico de la época nunca volvió recuperarse. Después de desaparecer la mayoría de las compañías antes mencionadas, entraron a ocupar el vacío Aero Perlas con DHC-6 Twin Otter, Beechcraft 200 y Shorts SD-360, y Mapiex con los Fairchild Metroliner y Jetstream 31. Con el tiempo, estas también desaparecieron. Hoy solamente Air Panamá Regional presta servicio de itinerario a Changuinola operando el Fokker 50. De todas las compañías antes mencionadas, solamente dos siguen activas: Copa y Air Panamá Regional.

Capítulo 6
Fumigación aérea

En 1958 la CLC decidió rehabilitar las fincas abandonadas en Changuinola con otra variedad resistente al Mal de Panamá que estaba arrasado con los bananales. Por este significativo aumento en hectáreas sembradas con la nueva variedad, Lacatán, la CLC se vio en la necesidad de buscar maneras más eficientes de rociar las plantaciones contra otro hongo que también era dañino para las plantaciones. El hongo Sigatoka. La metodología tradicional de aspersión hasta ese momento, consistía de una red de tuberías de acero cubriendo las hectáreas sembradas y bombas de presión con mangueras acopladas a torres de metal desarmables para rociar los bananales por encima.

Esta práctica era lenta y costosa. En 1959, se cambia radicalmente la modalidad de riego y de químicos. Una compañía británica, *Fision Airworks Ltd*, operando bajo licencia de Aeroquímica S.A., fue contratada para la fumigación aérea en Changuinola utilizando helicópteros Hiller UH-12 y rociando las plantaciones implementando una nueva fórmula para el control del hongo Sigatoka. Los pilotos encargados de volarlos eran británicos y australianos, así como los mecánicos que atendían los helicópteros. La modalidad para guiar a los pilotos en ese mar de matas de banano que cubría el valle de Changuinola era a través de banderas colocadas en unas largas varas de bambú, sujetadas por los banderilleros que al final del día acababan cubiertos de los residuos de la fumigación.

Con la expansión de fincas rehabilitadas y la necesidad de aparatos con mayor capacidad de carga y cobertura por vuelo, se reemplazan los Hiller UH-12 y en su lugar se incorporan aviones que llenan el cometido en cuanto a carga y rendimiento. Estos primeros fueron los biplanos Boeing Stearman PT-17, piloteados esta vez también por británicos, belgas, y entre ellos, Red Grey, quien había sido contratado originalmente para volar los North American T-6 utilizados en el proyecto de "romper nubes" en Puerto Armuelles para debilitar los fuertes vendavales que destruían los bananales. Para reemplazar a los Stearman, se trajeron los Snow S-2A equipados con boquillas rociadoras Microair con la cual se logró controlar de manera eficiente las enfermedades que aquejaban los bananales. La base de operaciones de los fumigadores en la división de Bocas era en el aeropuerto de Changuinola en Base Line. Mi presencia en el aeropuerto era tan regular, que al tiempo se me asignó a ayudar en el lavado de los aviones y en el enjuague de los tanques de "medicina". Me sentía privilegiado, aunque el olor a los químicos que le quedaba a uno era difícil de deshacerse. No había manera de esconderle a mi mamá dónde había estado al regresar a casa.

Las emergencias por fallos mecánicos que requirieron aterrizajes forzosos eran comunes, pero ninguno de los resultados fue de grandes consecuencias, ya que en muchos casos aterrizaban en un mar de bananales que amortizaban el golpe. Si el avión averiado no podía arreglarse en campo y sacarlo volando después de abrirle una trocha en medio del bananal, se desarmaba y trasladaba al aeropuerto montado en una carreta tirada por un chapulín para repararlo. Me tocó participar en varios ensambles en campo una vez reparadas las piezas en el hangar. Los pilotos, que deben haber sido mecánicos también, participaban en todas las fases de la reparación. Ver volar un avión después de haber sido reconstruido me daba gran satisfacción. La culminación de ese vuelo de prueba era todo un acontecimiento que se celebraba. Y yo ahí. Colado.

En esos primeros días recuerdo solo un accidente fatal, el del belga Marc DeGuss quien en despegue de la pista de Changuinola tuvo un paro de motor y fue a dar a la zanja al final de la pista donde perdió la vida. A los pocos días fue reemplazado por un piloto colombiano. El jefe de esa operación era un inglés, Jim Bernie, piloto y mecánico que posteriormente fue contratado por la Britten-Norman, una pequeña empresa aeronáutica en Isle of Wight, Inglaterra, como piloto de prueba. El proyecto consistía en el diseño y fabricación de un avión de despegue y aterrizaje corto (*Short Take-off and Landing*, STOL) para operar en áreas marginales. Este prototipo, el Islander BN-2, llegó a ser el caballito de trabajo por su fortaleza y simplicidad de las empresas locales basadas en el antiguo aeropuerto de Paitilla. Los Islander todavía se les encuentra operando día a día a las áreas remotas de San Blas y Darién pero ahora desde el aeropuerto Marcos A. Gelabert en Albrook.

Con el aumento de actividad bananera Aeroquímica S.A. empezó a contratar personal técnico panameño. Los primeros mecánicos, todos bocatoreños, contratados para operaciones en Changuinola fueron Alberto Lewis, Rubén Lance McQueen, Isaac Martínez, Ernesto Ruth, Eduardo Noble Hansell y Eduardo Bali Herrera, quien fue mandado a Puerto Armuelles. Manuel Niño, que había volado en Rapsa desde su inicio, fue el primer panameño contratado para fumigar en Changuinola. Lastimosamente falleció en un accidente en octubre de 1960 volando un Snow S-2A. El aeropuerto de Changuinola lleva su nombre en memoria. Para esos días se habían instalado sistemas de cables que cruzaban las fincas a lo largo y ancho para transportar los racimos de banano desde la finca hasta la empacadora sin estropear los mismos. Estos cables de acero de media pulgada de diámetro, llegaron a significar un riesgo significativo para los pilotos de darse la necesidad de un aterrizaje forzoso en un bananal.

En 1961, Aero Química S.A. se convierte en Atopan. Para entonces contaban con una flota de dieciséis aviones para fumigar en las divisiones de Chiriquí y Bocas el Toro. En 1973, los Rockwell Thrush Commander S-2R entran a reemplazar a los S-2A. La metodología para guiar a los pilotos se rediseña y las varas de bambú se cambian por unos tubos más livianos de aluminio con poleas para subir y bajar las banderas, pero igual, el banderillero quedaba expuesto a los químicos rociados.

En 1981, con Carlos Motta Donadío al frente de la gerencia de Atopan y el piloto Tam Syme como proponente, se implementa en Changuinola una innovadora metodología que eliminó la necesidad de las banderas con el uso del *Flying Flagman*, que con torres equipadas con transmisores en los extremos de las áreas sembradas de banano, guiaban al piloto electrónicamente con el uso de un transpondedor a bordo del avión. Aunque en su momento fue innovadora, no es nada en comparación con la metodología en uso hoy día. El Sistema de Posicionamiento Global (*Global Positioning System*, GPS) trabaja por medio satelital y es usado en operaciones de fumigación aérea a nivel mundial. Los banderilleros que quedaron cesantes al implementarse el *Flying Flagman* se vieron beneficiados al no estar expuestos a los químicos rociados. Los más de un centenar de ellos fueron reubicados en otras funciones agrícolas por la *United Brands* (antigua CLC). Para 1982, los primeros Turbo Thrush S-2RT hacen su aparición en los bananales de las divisiones de Bocas y Puerto Armuelles.

En 2014, la empresa brasileira *Cutrale-Safra* adquirió la mayoría de las acciones de las operaciones bananeras en Changuinola de *Chiquita Brands* (antigua *United Brands*). Hoy, las operaciones bananeras extensivas existen solamente en la región del Caribe bocatoreño ya que en Chiriquí la *United Brands* cedió la administración del cultivo de bananos en 2003 a la cooperativa de trabajadores COOSEMUPAR que la dirigió hasta 2008 cuando se declaró en quiebra. Atopan continúa fumigando bananales en Changuinola y está asociada a la empresa fumigadora costarricense Colonos Agropecuaria S.A. Las operaciones son con los aviones Ayres Thrush y Air Tractor con turbinas PT-6 y un Cessna Agwagon. La finalidad, que es controlar las enfermedades omnipresentes, no ha cambiado. El constante ajuste de las dosis, elementos, emulsiones, frecuencias y tipos de químicos ha permitido hasta ahora mantener la industria bananera productiva.

Capítulo 7
Lealtad changuinoleña

La lealtad de los changuinoleños hacia Rapsa, ya que fue quien reanudó el servicio aéreo después de la salida de Copa y Lacsa y la fugaz aparición y desaparición de Avispa fue impresionante. Rapsa desde el inicio fue muy acomodadora con sus pasajeros: Si un vuelo no se lograba realizar un día, al día siguiente lo aumentaba a dos o si había que hacer un vuelo adicional para transportar a todos los pasajeros con boleto pagado, se hacía.

Aun cuando Copa retornó su servicio a Changuinola con sus DC-3, los changuinoleños optaban viajar por Rapsa a menos que no hubiera cupo. Rapsa llegó a tener un DC-3 basado en David, permitiéndole hacer el cruce de la cordillera temprano en la mañana antes del vuelo de Copa de Panamá, y en la tarde volvía y hacía otro cruce a Changuinola ida y vuelta. Ir y venir en el mismo día para muchos comerciantes tanto de David como de Changuinola era una ventaja antes no conocida. Con el tiempo, Copa optó por lo mismo. No era raro ver a primera luz del día, dos aviones DC-3 posicionándose para lograr aterrizar de primero en Changuinola.

Las personas que residían en las fincas deseando viajar tenían que desplazarse hasta Base Line a las oficinas de las compañías aéreas para comprar un boleto por adelantado. Rapsa, siempre buscando superar al pequeño gigante Copa, llegó a un acuerdo con los bananeros independientes para que sus trabajadores pudieran comprar y reservar cupos directamente desde la finca y así ahorrarse la molestia y el costo de trasladarse hasta el aeropuerto días antes para comprar sus boletos y asegurarse de viajar. Con el servicio de transporte terrestre en esa región bananera tan ineficiente, era una conveniencia apreciada por los lugareños.

Parte de la mística que tenía Rapsa con los locales era la relación piloto-pasajero. En ocasiones con los cupos ya llenos, Elsie hablaba con el capitán y éste usualmente autorizaba que el pasajero se acomodara, parado, en la cabina de mando para así no tener que esperar hasta el día siguiente. Un ejemplo vivo en mi memoria fue en un vuelo hacia Panamá en Rapsa, para de ahí trasladarme al exterior para continuar mis estudios secundarios. Después del despegue, ya en pleno ascenso noté que mis boletos de viaje, mi pasaporte y los cheques de viajero se me habían quedado en la terminal. Al comunicárselo al capitán de ese vuelo, Coco Garzón, éste sin más pensarlo, giró el aparato de regreso hacia la pista y aterrizó. Ante la mirada sorprendida de los muchos que aún estaban en el aeropuerto, salté del avión sin esperar la escalera, corrí donde estaban mis padres con el cartapacio amarillo de los documentos en sus manos, lo tomé y me volví a encaramar al avión a todo esto con los motores andando. Se cerró la puerta y nos fuimos al aire, esta vez sin escala, directo a Panamá. Dudo muchísimo, por más buena intención que haya por parte del capitán, que esta operación se logre hacer hoy día en un vuelo comercial.

La preferencia por Rapsa también se puede entender de parte de la CLC, que se benefició con la renovación del servicio del transporte aéreo en Changuinola, y que a su vez, favoreció a Rapsa con sus contratos de encomiendas y correos, así como ser la elegida para trasportar personal en viajes oficiales y sociales como lo fueron las reuniones gerenciales y las actividades deportivas en Puerto Armuelles y en Puerto Limón y Golfito, Costa Rica.

En una ocasión, consistente con su programa de expansión, la CLC estaba incursionando en el mercado asiático, específicamente Japón, por lo que contrató al Boeing 247 de Rapsa para que le transportara 100 cajas de banano a Panamá, donde serían embarcadas en un barco refrigerado para su traslado al Japón. El vuelo debía arribar a Changuinola a las dos de la tarde para recoger la carga. La plana mayor de la CLC, más autoridades locales y decenas de curiosos, incluyéndonos a mi hermano Pillo y a mí, estábamos presentes desde el mediodía. Iba a ser un acontecimiento digno de una celebración: Primer embarque de bananos en cajas de cartón corrugado por aire.

Pasaron las horas y nada. Ya a eso cuando se ponía el sol, los administrativos de la CLC y las autoridades locales empezaron a retirarse en sus respectivos carros. Solamente quedamos unos cuantos convencidos de que el vuelo llegaría. Oscuro ya, oímos un rugido de motores sobrevolando el área, ¡Era el Boeing 247!

Como ya los funcionarios de la CLC se habían ido, y eran los únicos con carros, se tomó algún tiempo para localizarlos y pedirles que regresaran. Se necesitaban las luces de sus faroles para alumbrar la pista. Una vez eso logrado, el Boeing 247 se enfiló y aterrizó sin inconveniente alguno. El avión venía bajo el mando de Red Grey y el copiloto era Ñemo Chiari, acompañados de una joven amiga de uno o ambos de ellos. Para ese momento, el aeropuerto estaba colmado de vecinos del Cuadrante, caserío adyacente a la pista, que al oír al avión sobrevolar, se apersonaron a la pista. Era todo un acontecimiento. La oscuridad la interrumpían los faroles de los carros. Debido a que tuvieron que tomar combustible para el vuelo de regreso, no fue hasta pasada las ocho de la noche cuando al fin despegaron con el primer cargamento de bananos en cajas de cartón hacia Asia. Nuevamente, Rapsa había cumplido a cabalidad con sus leales seguidores. Todavía veo las llamas escupidas por los escapes de los motores radiales del Boeing 247 al alejarse ascendiendo rumbo al este.

Llegué a reconocer por nombre y volar como pasajero creo que con la mayoría de los capitanes que volaron los DC-3 y los Curtiss C-46 que operaron esporádicamente en esos días. Muchos ya han pasado a otra vida como lo fueron los capitanes: Miguel Arístides Ñopo DePuy, Carlos Cowes, Manuel Amador Pittí, Ricardo Ledesma, Bolita Castro, James Red Grey, José Coco Garzón, José Pepé Chavarría, Ignacio Chacho Inchausti, Hermes Carrizo, Jorge Chial, Richard Prescott, Venancio Méndez, Ezequiel Quielito Ledesma, Paul Pérez, y Constantino Tinito Romero.

Algo merecedor de mencionar fue la conmoción en el aeropuerto de Changuinola cuando arribó por primera vez como capitán un panameño al mando de un DC-3 de Copa. Era Miguel Arístides DePuy. Antes de eso, todos los capitanes eran estadounidenses ya que Copa como subsidiaria de Pan American Airways al iniciarse contaba con sus propios pilotos extranjeros. Poco a poco, después de ese acontecimiento, se empezaron a ver copilotos panameños ascendidos a ocupar el codiciado lado izquierdo. Entre ellos resalta a mi memoria el capitán Carlos Cowes.

Ya en mi adolescencia, siempre que me tocaba viajar con alguno de los pilotos conocidos, mi puesto usual era en la cabina de mando, llegando a conocerme los procedimientos de memoria de los DC-3 y pienso que fue lo que selló el anhelo de volar que tuve desde pequeño.

En estas andanzas de observador en la cabina, me

tocó estar presente en varias situaciones anormales, de las cuales siento fueron de gran valor para el futuro: Un fallo de un motor en un cruce de la cordillera y otro saliendo de Tocumen. Los procedimientos de emergencia ejecutados fueron oportunos y efectivos. Me siento privilegiado haber presenciado esas emergencias ya que no sé de ninguna escuela de aviación donde se le ofrece a un estudiante presenciar desde la cabina, una emergencia real. Simuladas sí, pero no es lo mismo desde ningún punto de vista.

A principio de los años 70, siendo el capitán Amador Pittí Jefe de Operaciones de Rapsa, trajeron un avión ruso, un Yak-40 de 27 pasajeros a Changuinola para demostración como posible adquisición de la empresa. Estuvo varios días haciendo el cruce entre David y Changuinola, y era notorio el escepticismo de los pasajeros al montarse en un avión sin hélices. Dudo que haya sido esta la razón por la cual Rapsa desistió de adquirirlo, más bien creo que fue el costo inicial, su costo de operación, y su falta de versatilidad como carguero. Este último un detalle de mucho peso para el tipo de carga que se movía en la provincia. La empresa decidió no reemplazar al venerable DC-3.

De haber sabido aquel marzo de 1972, volando en un carguero fletado para trasladar nuestras pertenencias familiares de Changuinola a Panamá, que sería la última vez que viajaría en un avión de Rapsa, le hubiese dado mayor importancia a ese vuelo. De capitán iba Quielito Ledesma y Ernesto Ponce su copiloto. A Ernesto siempre le agradecí su gesto de cederme su puesto, aunque pensándolo bien, sospecho que más era su deseo de ir a acomodarse y reposar en uno de los sofás que era parte de la carga.

Al año siguiente en 1973, Rapsa dejó de volar los dos

últimos DC-3 que tenía, y con ello selló para siempre un legado que marcó profundamente a la provincia bocatoreña, especialmente a Changuinola, y a mí.

Arriba: Ibu en el vuelo carguero Changuinola - Tocumen. Rapsa DC-3, 1972.

Arriba: HP-86 de Copa en finales pista 03, Changuinola, sobre la casa de la familia Sánchez. Nótese el cableado eléctrico.

Abajo: El capitán Quielito Ledesma abordando el DC-3 de Rapsa. Julita González recibiendo a los pasajeros arriba de la escalera.

Arriba 1: Boeing 247 similar a los que operó Rapsa al iniciar vuelos de Panamá a Changuinola.

Arriba 2: DC-3 de Rapsa. Aeropuerto de Tocumen, Panamá.

Arriba 3: DC-3 de la Fuerza Aérea Panameña. Tocumen, Panamá.

Arriba 1: Hora pico en el aeropuerto de Changuinola.
Arriba 2: El HP-87 de Copa. Escena típica del aeropuerto de Changuinola en los años 50-60.
Arriba 3: El padre John Kennedy abordando el HP-86 de Copa en Changuinola.
Izquierda arriba y centro: Fumigadores en plena faena. Changuinola, Bocas del Toro, Panamá.
Izquierda abajo: Elsie Howard (der.) y su secretaria Chica Barrera en las oficinas de Rapsa, Changuinola.

Parte 3
El aprendizaje

8 Primer vuelo solo
9 Feromonas en pleno vuelo
10 Instrucción formal

Capítulo 8
Primer vuelo solo

A pesar de que en Changuinola se estaba viviendo una actividad aérea considerable en esa década de los 60, el simple hecho que los vuelos no originaban ni terminaban ahí, era la razón principal para que no surgieran centros de aprendizaje como en Santiago, David y por supuesto Panamá. Las operaciones de pasajeros y carga desde y hacia Changuinola tenían sus bases en Panamá y en David, con la excepción de las compañías de fumigadores que en ese tiempo reclutaban fuera del país por la falta de los pilotos fumigadores nacionales. Los pocos pilotos bocatoreños que surgieron en esos días emigraron de la provincia para formarse, como fueron, Celso Gallimore y Efraín Pin Herrera. Lo opuesto de Santiago, David y Paitilla, que produjo decenas de pilotos que llenaban las pocas vacantes de esos días.

En 1968, ya había regresado a la finca después de haberme graduado de ingeniero agrícola, compromiso adquirido con mis padres, y estaba administrando la empresa familiar de banano, Finca Terronal. Eso sí, estaba ansioso de iniciar mi primera preferencia: Volar.

En aquellos días, Aulio Hernández que volaba el Piper Navajo de la CLC, junto con unos entusiastas, trajo un Cessna 150 y un 172 a Almirante, donde habían acondicionado un terreno para usarse como pista para impartir lecciones de vuelo. Ahora entiéndase que para trasladarse a Almirante que quedaba a una hora por ferrocarril desde Changuinola, se tenía que viajar en el tren de las siete de la mañana y se regresaba en el de las cuatro de la tarde.

Se me hacía difícil ausentarme por todo un día para volar si acaso una hora. Además del inconveniente de trasladarme a Almirante y quedarme atrapado todo el día allá, estaba el perene problema de disponibilidad de los dos únicos aviones de entrenamiento y del instructor; que si el avión está en mantenimiento; que si lo tiene otro estudiante; que si el tiempo está malo, que si el instructor no ha llegado, y un sin número de razones más. Después de invertir cuatro días en un mes y haber logrado un total de cinco horas de vuelo, la frustración era tan grande que acabé por desistir por completo.

Estando una mañana en la finca me llamaron del aeropuerto que había una persona con un avión preguntando por mí. No tenía la menor idea de quién pudiese ser. Resultó que era Reinaldo Giraud de Santiago de Veraguas, a quien alguien le había dicho que yo estaba interesado en comprar un avión, y había venido a interesarme en su avión: Un Aeronca Champion del año 1947 de 90 caballos, alas, fuselaje y cola cubiertos de tela. El avión estaba equipado con instrumentación básica: brújula, velocímetro, altímetro, indicador de revoluciones del motor, temperatura y presión de aceite y ya. No contaba con radio de comunicación ni de navegación, ni luces de instrumentos, ni de aterrizaje. Tampoco tenía *flaps*, los frenos eran de talón, y contaba con un bastón de mando, o sea tecnología neta de los años 40. Era un avión diseñado para enseñar a volar. Me acuerdo haber pensado que si había cruzado la cordillera desde David esa mañana, debía ser un avión confiable. Me interesó el avión desde el momento que entré a la ajustada cabina, de dos cupos, uno adelante y el otro atrás. Después del vuelo de demostración quedé flechado y al bajarnos del aparato acordamos que se le compraría por USD $2,100.00 al contado. Ese mismo día en la Cooperativa de Bananeros de la Vertiente Atlántica (COBAVA) logré un préstamo personal suficiente para comprar el Aeronca. Mi primer vuelo piloteando el avión fue esa tarde mientras nos trasladábamos en el avión desde Changuinola hasta Bocas del Toro, capital de la provincia, donde fuimos a hacer el trámite de traspaso en la Notaría. Al culminar el papeleo, Reinaldo me da la mano y entrega las llaves del Aeronca.

—Aquí tienes. Que lo disfrutes. Yo me quedo aquí para coger el vuelo mañana de Rapsa a David.

—Espera, espera —le digo— es que yo no sé volar.

—¿Cómo así que no sabes volar? Pero bueno, no hay problema, yo me voy volando contigo hasta la pista de la finca y te *chequeo* en ruta. Este avión es muy fácil de volar. Vuela a 35, cruza a 80 y se *estolea* a 35. Es todo lo que tienes que acordarte.

Quedé convencido de eso, probablemente llevado por el entusiasmo de poseer un avión propio para mis fines. Lo volé de regreso hasta la pista de la finca, practicando *estoles* en la ruta, y aterrizándolo él por supuesto. Me entregó las llaves y me reiteró: —Acuérdate: 35, 80, 35.

Después de las casi cinco horas de instrucción que había recibido anteriormente en el Cessna 150 que era un avión triciclo, no estaba preparado para lo que me esperaba. El Aeronca era un avión convencional y más difícil de maniobrar en tierra[8-A]. Sin embargo, es un reto gratificante una vez logrado.

Como vecino en la finca, teníamos a Luis Flores, quien volaba su propio avión, el HP-414, un Cessna 180 y quien se había ofrecido a *chequearme* en el Aeronca. Por una razón u otra, eso nunca se logró. Pero Lucho, su hijo y contemporáneo mío y que estaba ya bastante avanzado en sus clases de pilotaje en la escuela de Aulio en Almirante, sí se interesó en enseñarme lo mucho o poco que sabía. Volamos juntos casi cinco horas, pero también los aterrizajes los hacía él, que tenía algo más de práctica por haber volado con su papá en el 180. Todo eso estaba bien, pero no estaba recibiendo instrucción para prepararme a volar yo mi avión solo.

Tam Syme, un fumigador escocés que había sido piloto instructor en la Real Fuerza Aérea (RAF) británica, me había estado dando clases teóricas de navegación, aerodinámica, meteorología, y motores en el hangar de Atopan en las tardes después de salir yo de trabajar. Cuando se enteró de mi predicamento, se ofreció a darme instrucción práctica en el Aeronca al culminar él con la fumigación semanal en la finca. Aprovecharíamos los diez a quince minutos durante el reabastecimiento en tierra de "medicina" y combustible de su fumigador para darme la instrucción necesaria para aprender lo básico para volar un avión. Como el Aeronca era tipo convencional, similar al Thrush Commander que él volaba, me sentía beneficiado con el arreglo. Al día siguiente, a las seis y media de la mañana estaba esperándolo listo para mi primera instrucción de verdad. Los primeros cinco minutos de ese vuelo de diez minutos fueron para él familiarizarse con el avión. Me demostró vuelos lentos, virajes escarpados, desplomes con y sin potencia y planeo y me dejó como tarea leer la teoría de cada maniobra demostrada. Me exhortó a que practicara rodando el avión en tierra, ya que en el aire el avión volaba solo, pero en tierra, a estos aviones convencionales había que aprender a dominarlos. El secreto era la práctica, práctica y más práctica, en tierra.

Los siguientes días madrugaba y antes de ir a la finca practicaba rodándolo, o como se dice en el argot criollo, carreteándolo para arriba y para abajo en la pista; a mediodía después de almuerzo y al atardecer antes de oscurecerse; también practicaba a distintas velocidades hasta sentirme en control, eso sí, no sin antes de haber pasado por un par de sustos al salirme de la pista, que no era muy ancha que digamos. Por suerte era una pista desalojada y no había nadie que presenciara lo problemático que fue para mí lograr a dominar ese avioncito en tierra. Por un par de semanas, practiqué con Tam despegues y aterrizajes y emergencias en los pocos minutos disponibles hasta que una mañana me dijo que estaba listo para volarlo solo.

—¿Y las ocho horas reglamentarias para calificar para el solo? —pregunté medio temeroso. En realidad ya tenía en total como quince pero él no tenía por qué saber eso.

Me miró detenidamente y solamente dijo: —*Just go fly the airplane!* —Se montó en su fumigador y se fue.

Me llené de valor y me dije que si no era ahora, ¿cuándo? Me subí al avión; me aseguré el cinturón; arranqué el motor y me acomodé en la cabecera de la pista.

Vamos, pues. Acelera despacito. Busca la velocidad. Sube la cola con el bastón hacia delante. ¿Cuánto es lo que era, 35 o 40? No, 35, bastón atrás, suavecito. Eso. Deja que suba solito. Ahí, estamos volando. Tranquilo, respira hondo tres veces. Despacio, nivela el avión. Así, suave. ¿Cuál es la velocidad, 80? Nada más tengo 70. ¿Qué pasa, por qué tan despacio? ¿Nos estamos *estoleando*? Mete potencia. Baja la nariz, no tanto, que aún estamos bajito. ¿Qué tan alto estamos? 400 pies. Vamos a subir un poquito más, a 800 pies. Da la vuelta a la izquierda. Bola en el centro[8-B], así es. ¿Cual es la altura del patrón de vuelo, 500 pies? Estoy muy alto, sigue dando la vuelta y baja a 500. Vamos muy rápido, quítale potencia al motor. No tanto, así ahí está. Enfílate con la pista y quita potencia para aproximar a 60, no 50. Así es, con calma. Vengo alto, baja la nariz, no tanto. Quita potencia, toda, que venimos alto. Nos vamos a comer la pista. Despacio, despacio. Ya estamos sobre la pista. ¿Por qué no tocamos? Está flotando, ¿qué hago, halo el bastón más hacia atrás para *estolearlo* o le doy potencia y me voy al aire o espero a que... Pam, Pam, Pam. ¡Eyyy! ¡Aterrizamos y no nos estrellamos! Espera, espera que ahora viene la vaina. Mantenlo en línea recta, cuidado con un *ground loop*, que no se salga, suave con los frenos. Corta la potencia. ¡Lo logré! ¿Cuál era el miedo? Vamos con los otros dos despegues y aterrizajes ahora que estoy cuchillo.

Ese primer vuelo solo no fue para nada ceremonioso, pero a la vez, ventajoso por no tener la presión de una ocasión como esta. No estaba el instructor escudriñándome, no había otros pilotos esperándome para bañarme en aceite o desgarrarme la camisa, ni había los habituales curiosos que merodean los aeropuertos, ni nada por el estilo. Lo hice en la plena privacidad en la pista de fumigación de la finca una mañana fresca, con poco viento y asoleada. Nadie para felicitar la gran hazaña de todo piloto. ¡Su primero vuelo solo! Primero y único, pues no habría otro primer vuelo solo más nunca en la vida. Volar solo da una sensación de destreza, de maestría sobre el espacio y tiempo y sobre la vida misma. Un deleite total. Eran las siete de la mañana del primero de agosto de 1969.

Después de ese inicio algo no convencional a la aviación, me propuse volar todos los días posibles. Lo hacía temprano en la mañana y en el crepúsculo, mi hora favorita. Llegué poco a poco a reconocer sombras y claros para enfilarme en aproximaciones para aterrizar poco después de la puesta del sol. Y cada día extendía mi radio de vuelo; a Guabito, a Almirante siguiendo la línea del ferrocarril como guía y hasta Bocas orientándome con los faros marinos. Me sentía confiado, pues ya hasta planificaba que mis vuelos terminaran con un aterrizaje ya entrando la noche, hasta que llegó el día que puse alto a todo eso. Había volado a Almirante a presenciar un embarque de banano en el muelle, y de paso, visitar a una maestra recién llegada de la Escuela Americana de la CLC que había capturado mi atención. Entre el entusiasmo de la visita y en lo que me tocó conseguir transporte de regreso a la pista, ya estaba empezando a oscurecer. Confiado en mi habilidad demostrada anteriormente en vuelos al atardecer, decidí irme de todas maneras, sin considerar que entre Almirante y Changuinola no hay nada con que orientarse de noche. Selva y más selva tupida era lo que me esperaba en ruta. A medio camino me arropó una oscuridad absoluta. Nada se veía hacia fuera de la cabina ni para adelante ni atrás ni para los lados, y tampoco se veía dentro de la cabina del avión. ¡Miércoles! ¿Y ahora?

Devolverme a Almirante, una pista no familiar no era opción. Había que seguir hacia delante, por lo menos Changuinola era mi patio. El Aeronca tenía brújula, pero no se veía por la oscuridad. Mantener el último rumbo que traía era la única salida. Así lo hice: Presioné el bastón con mis rodillas y anclé mis pies en los pedales y no me moví por nada. Era como volar con los ojos vendados hasta que al poco rato divisé unas luces en la distancia. Deduje que tenía que ser Finca 4, y seguidamente debe estar el puente del río Changuinola. Al puente nunca llegué verlo, pero si identifiqué la luces de El Empalme y las casas ubicadas a ambos lados de la línea del ferrocarril. Sabía que me llevarían a la pista de Changuinola, pero como el aeropuerto no tenía luces, ahí iba a estar la vaina. La pista de Changuinola tenía una orientación noreste-suroeste, pero sin poder interpretar la brújula, de nada me servía saberlo. Al comienzo de la pista hacia el norte y a un costado había la hilera de casas del Cuadrante; lo malo era que no estaban paralelas a la pista, sino sesgadas. Y para rematar, en esa aproximación, había un cableado eléctrico de alta tensión como a 50 pies de alto saliendo de la planta eléctrica. La pista era de asfalto pero no tenía los números definiendo la orientación en las cabeceras así que ni siquiera contaba con eso para ayudarme. Aproximé alto a propósito, con el cableado eléctrico en mente, y apunté la nariz del Aeronca como a 30° a la derecha de la línea del alumbrado del Cuadrante y lo dejé que descendiera lentamente hasta que tocara tierra, ya que yo no tenía percepción de profundidad. Así fue, tocó, brincó una vez y se asentó. No había nadie alrededor. Pienso que nadie oyó el motor, pues ya en Changuinola llegaba la señal de TV de Costa Rica y eso paralizaba a toda la comunidad en las noches, viendo Chucho el roto, una popular novela mejicana. Conseguí prestado un teléfono en el Comisariato del colombiano don Juan Upegui que quedaba cerca de la pista y llamé a la finca. Me vino a buscar Pedro, el tractorista y chofer de la finca quien me ayudó a empujar el Aeronca a un lugar seguro fuera de la pista. Le instruí no divulgar lo recién pasado a nadie. Ya pasado el susto inicial y después de haber analizado lo que acababa de pasar, mi primer vuelo nocturno, decidí: Nunca más. Reconozco que fue una buena lección, y el susto vivido después de tantos años aún lo tengo presente. Ese fue el primer apunte en mi librito rojo bajo la categoría de "Nunca más".

Por los próximos tres meses volé en todo momento posible y llevé a cuanta persona se atreviera acompañarme, entre ellos a mis padres. Mi primer pasajero fue mi papá. Y por supuesto la maestra de Almirante era mi más habitual pasajera, sin imaginarme que algún día llegaría a ser mi esposa.

No fue hasta que un día en el aeropuerto de Changuinola, Álvaro Ricoy, quien había sido mi instructor inicial en Almirante y que ahora volaba en los DC-3 de Copa, se me acercó y llamó a capítulo por estar volando solo sin autorización de un instructor certificado. Ahí mismo nos metimos al Aeronca, él como examinador en el asiento de atrás. Volamos unos diez minutos haciendo varias maniobras entre ellas emergencias, una de las cuales fue cortarme la potencia del motor en pleno despegue, la cual pude recuperar hábilmente ya que la había practicado innumerable veces, pues Tam me había asegurado que era el momento más crítico de un vuelo, la pérdida de potencia en el despegue. Una vez en tierra me dejó saber que aunque sabía volar el avión, que si no hacía los tramites en la DAC en Panamá y sacaba permiso de estudiante, un certificado médico, y aprobara un curso de aviación y tomar clases con un instructor certificado, me denunciaría ante las autoridades. Vea la vaina.

¿Y ahora qué? No podía ausentarme de la finca por tanto tiempo para ir a Panamá a cumplir con todos esos requisitos. Nuevamente me encontraba en una encrucijada.

A los pocos días recibí una notificación de la embajada británica en Panamá que había sido seleccionado para una beca de Post Grado en Hidrología por dos años en Gran Bretaña. Mi anhelada carrera de aviación recién comenzada había de ser puesta en espera por segunda vez. Era el mes de noviembre de 1969.

Capítulo 9
Feromonas en pleno vuelo

En 1971, después de las devastadoras inundaciones de 1969 y 1970 que diezmaron las plantaciones de banano en la provincia bocatoreña, las provincias centrales se vieron azotadas por una sequía prolongada. La agricultura y ganadería sufrían por la falta de agua; el ganado se moría y las siembras de arroz, maíz, frijol y sorgo no se podían iniciar sin el comienzo de las lluvias. No así en Bocas del Toro pues allí no se conocía lo que era verano. Los potreros se mantenían verdes todo el año. Aprovechando las circunstancias, Ganadera Bocas negoció la compra de ganado en pie en Coclé para aumentar su rebaño en los potreros de San San, Guabito. Se hicieron arreglos con la empresa carguera Inair para el transporte de las reses desde el aeropuerto de Río Hato directamente a Changuinola. El equipo a usarse era el Curtiss Commando C-46, especialmente configurado para el transporte de pecuarios.

Yo acababa de regresar a Changuinola después de mi ausencia de dos años en el Reino Unido. Estaba en el aeropuerto, acompañando a Ramón Mon Araúz, encargado de Ganadera Bocas que era propiedad de don Mario Guardia, el día que llegó el primer vuelo con quince novillos flacos. El piloto, el capitán Richard Prescott, venía enojado por la falta de coordinación en el embarque en Río Hato. Se quejaba que no lograríamos transportar todas las reses ese día, y que debía haber alguien que dirigiera las operaciones allá como las de desembarque acá en Changuinola. Mon me pidió que fuera a Río Hato para dirigir el embar-

El aprendizaje 75

que ya que él no le agradaba la idea de andar montando aviones, menos un carguero de bestias como éste.

—¡Claro, yo voy! —contesté al instante. Me sentía frustrado sin haber volado desde mi retorno. Estando fuera del país, había vendido mi Aeronca a Aulio Hernández y me encontraba sin avión.

Y así fue. Nos encaramamos al C-46 un vaquero de Ganadera Bocas, el chiricano, que nunca en su vida había estado cerca de un avión, mucho menos haber volado en uno, y yo.

Este C-46 olía a berrinche y excremento de ganado desde diez metros de distancia, y adentro de la cabina de carga más aun. El piso de madera *plywood* estaba cubierto de aserrín, por lo que no era práctico limpiarlo ni lavarlo mientras durara la operación. Los corrales eran de tubos de aluminio desarmables que permitía montar los corrales de distintos tamaños. La tripulación consistía en el capitán Prescott y Alexis DePuy de copiloto. Era la primera vez que conocía a ambos.

Mucho después me enteré que el capitán Prescott había volado los C-46 durante la Segunda Guerra Mundial cruzando *the Hump*, la cordillera de El Himalaya desde Assam, India, transportando material bélico para las tropas chinas en Kunming, China, que peleaban contra el ejército invasor japonés. En esa campaña, la de India-Burma-China, fue cuando el Curtiss Commando demostró su solidez y quedó reconocido como un caballo de trabajo para este tipo de operaciones. Hasta cierto punto el capitán Prescott estaba en su ambiente este día.

Salimos de Changuinola vacíos y mientras el copiloto volaba una ruta sureste directo al aeropuerto de Río Hato cruzando la cordillera a unos 9,500 pies, brincando por la turbulencia de los vientos de marzo, el capitán Prescott me explicaba la situación. Su pronunciación del español era difícil de descifrar pero se hacía entender. Era obvio que él quería hablar castellano. Me detalló su frustración con el desorden en el embarque en Río Hato. Una falta de organización total.

Al aterrizar, apagar los motores y abrir la puerta, me percaté al instante a lo que me había expuesto. Se formó una gran arrebatiña de los ganaderos con sus camiones para ver cual se colocaba en la puerta primero. Me trepé en el techo de uno los transportes y me tocó explicarles la importancia de cargar el avión de acuerdo al peso de los animales y no de la pertenencia. Sin embargo, el afán de ellos era que se embarcaran sus reses para así consumar la venta. Era obvio que temían quedarse sin vender sus reses. Decidimos suspender la operación hasta lograr una metodología aceptable tanto para los vendedores, el comprador y el transportista, en este caso la empresa aérea.

Mandamos a comprar cuatro galones de pintura de distintos colores y les explicamos que aunque las reses irían mezcladas en cuanto a pertenencia, los colores identificarían su dueño. Aceptaron la propuesta, a lo que se procedió con el embarque seleccionando las reses por peso y de esa manera logramos hacer tres viajes sin contratiempo.

La importancia de embarcar dependiendo en el peso de los animales era por los parámetros de peso y balance del avión. Toda aeronave tiene sus límites de centro de gravedad (C.G.) determinado por el peso de la carga (libras) y balance (ubicación). Si el C.G. no se encuentra dentro de los parámetros delanteros y traseros, no es ni seguro ni legal llevar a cabo la operación. Aquí fue donde el haber traído al vaquero fue una gran ventaja, pues al no contar la operación con una báscula para pesar los animales, éste tenía un "ojo clínico" para calcularles el peso.

   Habíamos acordado dejar un toro padrote, un Cebú de casi una tonelada, para el último viaje ya que estaba visiblemente molesto y nos daría que hacer si no se calmaba. Había estado todo el día sin agua, metido en un camión a pleno sol. La lógica era que ya en la tardecita los vientos del norte habrían subsidiado y no habría tanta turbulencia que pudiese alterar aún más a nuestro pasajero rebelde. Al aterrizar para nuestro último vuelo del día, notamos que un fuerte viento de la cordillera aún persistía. El capitán Prescott determinó que lo mejor era volar hacia el norte, cruzar la cordillera en su parte más baja, llegar a la costa caribeña y girar al oeste hasta llegar a Changuinola. Así evitábamos estar tanto tiempo expuesto a la turbulencia y no tendríamos que volar tan alto. Pero deberíamos apurarnos pues esta ruta sería más larga de los cuarenta y cinco minutos que nos había estado tomando volando directo sobre la cordillera, además de que tendríamos primero viento de frente y posteriormente cruzado.

   La embarcada del toro Cebú embellacado fue una odisea. Pateaba, bramaba, baboseaba por la boca y nariz, en fin, no quería embarcarse en el Curtiss por nada. Se le empujaba por las ancas, se halaba por los cachos y se le aplicaba la garrocha con descargas eléctricas y nada. No quería salir del camión. De nuevo el chiricano salvó la situación agarrándole el rabo al toro y mordiéndoselo. Santo remedio. La bestia pegó un salto y se dejó halar con una soga amarrada a sus cuernos hasta el corral al frente del avión, detrás de la cabina de mando. Pero una vez en el corral se envileció nuevamente. Pateaba y embestía con sus cuernos rajando las tablas de madera que protegían el interior del fuselaje. No había manera que pudiésemos volar con una situación como esa.

De haber traído al veterinario de Ganadera Bocas que estaba en Changuinola se le hubiese aplicado un tranquilizante, pero no habíamos pensado en este contratiempo. Al momento se me acerca el chiricano y me dice: —Oiga, Jefe, echémosle unas vaquillas en el avión pa'que acompañen al animal este. Cuidado que así se tranquiliza.

Carajo, —me dije—, si este hombre ya ha probado ser atinado en dos ocasiones con sus conocimientos y experiencia, ¿por qué no hacerle caso otra vez?

De una vez ordenamos armar los tubos para formar un corral pegado a la del toro, y arreamos tres vaquillas dentro del nuevo corral. Las vaquillas estaban tranquilas por lo que no hubo necesidad de amarrarlas. El toro miraba la operación como con reojo, pero si se notaba más calmado.

—Listo. Nos vamos. Muevan el camión que vamos a cerrar la puerta. —Me sentía aliviado que al fin íbamos a emprender vuelo ya que se avecinaba el atardecer.

Apenas despegamos, se veía el sol al oeste empezando a perderse en el horizonte. El ambiente se sentía pesado, pero en realidad era el agotamiento de un arduo día y del calor que no daba tregua. Ambos el capitán y el copiloto se habían quitado sus camisas y estaban en camisetas manchadas en sudor. El olor era aún más fuerte que cuando empezamos la faena en la mañana.

Me inclino hacia delante en mi asiento y le pregunto al capitán Prescott: —Oiga, Capitán, ¿usted sabe que en Changuinola no hay luces verdad?

—*Don't worry. We're following the sun.*

Pues sí —pensé—, una vez crucemos la cordillera estaremos girando hacia el oeste, hacia el sol, persiguiéndolo. Tranquilo. Todo bien.

El ascenso fue lento con la intención de causar el menor disturbio a nuestro ilustre pasajero. Alcanzando 4,500 pies, ya habiendo librado la hondura en la cordillera giramos hacia la izquierda hacia Changuinola y a la derecha y hacia atrás se divisaba Río de Jesús, Veraguas, en la costa del Caribe. Todo bien.

Ya establecidos rumbo oeste, con Punta Valiente a la vista, se siente un gran golpe y se hamaquea el avión. Todos sabemos que es lo que está pasando. Es el toro que está con las suyas. Vuelve y se oye otro golpe y la nariz del avión se eleva. Rápidamente el capitán Prescott aplica presión hacia abajo a la cabrilla y reajusta el compensador del elevador indicando nariz baja para estabilizar el avión.

—¡*Check it out*! —se le oye exclamar al capitán, sin voltearse a mirar a nadie en particular.

Me desabrocho el cinturón de seguridad y al entrar al compartimiento de carga, veo que el toro está con la mitad delantera de su cuerpo balanceándose en el tubo superior del corral que lo separa del otro corral. Con los ojos endiablados, lo que era obvio es que quería meterse al corral de las vaquillas. Había logrado zafarse de las amarras y se había dado vuelta hacia la cola del avión. Continuaba tratando de salirse de su corral y meterse en el de las vaquillas.

El chiricano empieza a darle con un rejo en la cabeza al toro para disuadirlo, pensaba él.

—¡Para, para. No le des más rejo. Lo estás es enfureciendo más de lo que está. Déjalo tranquilo. —Me regreso a la cabina para informarle al capitán Prescott lo que está pasando, que el toro está mitad adentro de su corral y mitad dentro del corral de las vaquillas. De escaparse del segundo corral, el de las vaquillas, y tener más de una tonelada desplazándose libremente en la sección trasera de carga haría imposible controlar el avión. Se siente la preocupación en la cabina. Los tres sabemos el peligro que significa un avión en desbalance. En eso se abre la puerta y entra el vaquero.

—¡Jefe, Jefe. El toro se salió y se metió en el corral de las vaquillas!

—¡Mierda! ¿Y si se brinca el corral de nuevo? ¡Nos jodimos! —exclamo.

—No, no. No creo. Él va estar tranquilo acompañado con sus vaquillas. Ya verá —nos asegura el chiricano.

A todo esto Prescott está atento a la conversación y espeta: —¡*Shit*!

Los cuatro nos quedamos encerrados en la cabina de mando quizá convencidos que si no salíamos de ahí, el problema no se agravaría. El avión está volando normalmente sin cambios percibidos en su centro de gravedad. Ahora solo falta que el padrote se mantenga tranquilo.

Con la adrenalina ya a nivel normal, de repente me percato que ha oscurecido. Son las seis y media de la tarde y se ven las luces de Bocas del Toro y a lo lejos las de Almirante, hasta las de Changuinola. El copiloto intenta comunicarse primero con la torre de Bocas y después con la de Changuinola, pero nada. Ambas cierran a las seis.

Ya en descenso y pasando Almirante a la izquierda le digo al capitán Prescott: —Mire, Capitán. Le recomiendo entrar por la pista 03 pues en ese extremo se podrá orientar con la pista pues hay casas más o menos alineadas con la pista. Eso sí, hay cables de alta tensión cruzando encima de la cabecera y están como a cuarenta o cincuenta pies de alto.

A todo esto me estaba acordando de la situación similar que me tocó con el Aeronca años antes con la marcada diferencia que aquella noche estaba oscura, esta no, tampoco tenía el Aeronca luces de aterrizaje, este Curtiss sí, y además, aquella noche yo tendría tal vez 25 horas de vuelo total, y este piloto debía estar en las decenas de miles de horas de experiencia. Gran diferencia.

—*Gear down, quarter flaps, easy does it, half flaps, easy, easy. Full flaps, easy does it, keep the tail low, slow it down, easy, easy* —se repetía a sí mismo el capitán, como si estuviera solo en la cabina. Ya venía alineado con la pista pues se veía la sombra del asfalto sobre la grama más clara y las luces del Cuadrante sesgadas a la trayectoria del avión. Todo bien.

De repente, ¡POW! Un ruido como una explosión. Las luces que nos habían guiado para alinearnos se extinguieron. El capitán Prescott ni se inmutó, seguía repitiéndose: —*Easy does it, keep the tail low, slow it down, easy, easy.*

Tocamos en tres puntos[9-A] casi de manera imperceptible. El C-46 no brincó ni rabeó ni creo que se tuvo que aplicar frenos. Un aterrizaje perfecto.

Dimos la vuelta hacia la rampa donde esperaban los camiones para descargar el ganado. Todo esto en total oscuridad, ya que al bajarnos del avión nos enteramos que todo Changuinola había quedado sin electricidad. Nuestro aterrizaje tuvo que ver con esto. La rueda de cola del Curtiss había enganchado el cable eléctrico de alta tensión y lo rompió, dejando todo el valle sin fluido eléctrico. Al rato llegó la policía y algunos empleados del Departamento Eléctrico de la CLC exigiendo explicaciones. El capitán Prescott, "se rayó", no estaba de humor para responder ninguna pregunta ni dar explicaciones de nada. Los neutralizó no con diplomacia sino de manera brusca, les lanzó un par expresiones que se explicaban por si solas, les dio la espalda y se retiró.

El avión y tripulación permanecieron esa noche en

Changuinola pero al día siguiente como aún no habían restablecido el fluido eléctrico, las bombas de combustible no funcionaba así que no se pudo reabastecer para su viaje hasta Panamá. Decidieron cruzar la cordillera hasta David para abastecerse de suficiente combustible para su retorno a su base en Panamá, pero no antes sin haber el capitán Prescott asegurado que lo que era él, no volvería.

Todavía faltaba más de la mitad de reses que transportar. A los días llegó otro C-46 de Aero Caribe de Costa Rica a terminar la tarea, pero las autoridades aeronáuticas panameñas le prohibieron la operación, y se tuvo que regresar sin siquiera hacer un solo vuelo. No fue hasta una semana más tarde que llegó el mismo C-46 de Inair a completar el contrato, pero esta vez bajo el mando del capitán Abraham Cholo Castro y Luis Lucho Ameglio de copiloto. Yo no participé en más que ese primer día, pero el chiricano sí se ganó su lugar como parte de la tripulación.

Al comentarle al veterinario de Ganadera Bocas, Alcibíades Miranda, el comportamiento del padrote durante el vuelo me hizo varias preguntas al respecto y al final me aseguró: —Lo mejor que pudieron haber hecho es embarcar esas vaquillas porque lo que sucedió en ese vuelo fue un claro caso de feromonas. Ese padrote no resistió estar separado de su harem.

Al llegar a casa busqué inmediatamente la definición de la palabra feromona en el diccionario y encontré que es: La sustancia química de composición variable que, al ser sudada por un animal, influye en el comportamiento de otros de la misma especie. Las feromonas sirven para atraer al sexo opuesto o para marcar el territorio.

Capítulo 10
Instrucción formal

En 1972, a los nueve meses de haber regresado del Reino Unido a Changuinola, se tomó la decisión de cerrar las operaciones de Finca Terronal. Las repetidas inundaciones habían causado estragos en la producción que había caído drásticamente debido a la infestación de nematodos, un parásito que ataca las raíces de las plantas. Las aguas contaminadas de otras fincas infectadas transmitieron el virus a los suelos de todo el valle del río Changuinola. Aunando a ese problema, los constantes enfrentamientos laborales con los recién formados sindicatos bananeros y el alza de los precios de los productos derivados del petróleo después de la subida del precio del barril de crudo por la Organización de Países Exportadores de Petróleo (OPEC) no eran factores favorables para arriesgar una inversión tan grande como la que se requeriría para rehabilitar la finca. La familia decidió cerrar operaciones bananeras en Changuinola.

Estando todavía en Changuinola y estudiando las opciones que tenía para el futuro de mi nueva familia que ahora, además de esposa, tenía mi primer hijo, se me presentó una oportunidad con la Compañía del Canal de Panamá (PCC) de emplearme como Hidrólogo. Lo vi como una oportunidad, ya que además de un empleo bien remunerado, en mis horas libres podría ingresar a una escuela formal de vuelo y así obtener mis anheladas licencias. El plan era que en dos años podría estar preparado para hacer el brinco a mi nueva carrera, la aviación.

Hice mis averiguaciones y me inscribí en la Escuela Aérea de Aviación, "La Escuelita", que dirigía el capitán Isauro Carrizo en Paitilla. Al capitán Carrizo, aunque no nos unía una amistad anterior, lo había conocido cuando él volaba los DC-3 de Rapsa. Ahora sí, mi carrera de aviación empezaría debidamente cumpliendo con todos los requerimientos: Examen psicológico, cardiovascular, oftalmológico, auditivo, pruebas de laboratorio y antinarcóticas que exigía la DAC para entonces solicitar mi licencia de estudiante, para entonces matricularme en una clase teórica aprobada por DAC, para entonces presentar los exámenes escritos y si lograba aprobarlos, entonces iniciaría mis lecciones de vuelo. Nada tan sencillo como mi aprendizaje inicial en Changuinola. Pero bueno, así tenía que ser.

"La Escuelita" tenía tres aviones Cessna 150 de instrucción básica, pero para no menos de 17 aspirantes a piloto, ya que el Instituto para la Formación y Aprovechamiento de Recursos Humanos (IFARHU) había recién incluido la carrera de piloto aviador en su programa de préstamos. Mi horario para volar se limitaba a horas después de trabajo y los sábados y domingos, pero la demanda por los aviones e instructores era tal que mis cálculos indicaban que a este ritmo, me tomaría más de un año acumular las horas necesarias para cumplir con los requisitos de 40 horas para la licencia de piloto privado. Ni hablar de la licencia comercial y las habilitaciones por instrumento y multimotor.

Estando un fin de semana de paseo por Paitilla con la familia, en esos días no existían las restricciones al acceso a los hangares, detecté un aviso de "Se Vende" en un avión estacionado en un hangar abierto. Era un Cessna 170 B del año 1954, similar al que volaba Vanolli: Convencional, patín de cola, de cuatro plazas. El HP-374. Supe al instante que esa era la solución para obtener mi licencia sin las constantes frustraciones vividas en "La Escuelita": Que si el avión está reservado; que el avión se lo llevó otro estudiante y no ha regresado; que el avión está en mantenimiento; que el avión está en inspección; que estamos esperando una pieza, y los otros conocidos contratiempos de toda escuela de aviación. El precio era USD $3,500.00 incluyendo un hangar abierto. Hablé con el dueño, el capitán Bill Bailey, práctico del Canal, de quien me enteré que lo usaba para trasladarse a una casa de montaña que tenía en Cerro Punta, pero lo vendía porque se había jubilado y se iba del país. Ahí mismo se acordó el traspaso. Conseguí un préstamo que me tomó más de un mes para la aprobación con el Citibank. Nada como la transacción del préstamo para comprar el Aeronca en COBAVA que había hecho en Changuinola.

Como ya estaba ducho volando aviones convencionales, aunque en mi bitácora no aparecían esas horas por haber sido ilegales, le pedí al capitán Carrizo que me *chequeara* en el 170 y así yo podría hacer mis prácticas en mi propio avión. Las instrucciones de las maniobras para mis licencias las haríamos también en ese avión, ya que él era experimentado en ese tipo de avión cuando inició su carrera volándolos en Azuero. Resultó ser un instructor completo para mis propósitos, pues aprendí a sacarle máximo rendimiento al 170. Logré acumular las horas de vuelo y al tiempo presenté mis exámenes y obtuve mi licencia privada con el examinador de la DAC el capitán Osman Valderrama. Ahora me tocaba acumular las restantes horas para llegar a las doscientas horas requeridas para mi licencia comercial, entre ellas, veinticinco horas nocturnas y diez de travesía, solo sin instructor. En un mes obtuve mis horas nocturnas; salía de Paitilla antes de la puesta del sol, y sobrevolaba el área de la ciudad entre

2 - 4 horas mientras el clima lo permitía y de ahí me iba a Tocumen y aterrizaba donde me esperaban mi esposa Pat y mi hijo Teo para regresar a casa. En esos días en Paitilla aún no habían instalado luces de aterrizaje. Al día siguiente, lo mismo pero saliendo de Tocumen y regresando al mismo Tocumen hasta que logré registrar veinticinco horas vuelo nocturno solo. Un escalafón menos hacia la anhelada licencia comercial.

Como ya con mi licencia privada podía legalmente llevar pasajeros, en todo oportunidad que tenía, volaba el 170 en giras familiares. Me propuse viajar por todo Panamá: Las islas de San Blas, provincias centrales, Darién, Chiriquí y por supuesto, Bocas del Toro y hasta un vuelo internacional con la familia a San José, Costa Rica. Las horas se fueron acumulando hasta cumplir con los requisitos las 200 para la licencia comercial. Después de aprobar el examen escrito, me presenté para el de vuelo con el examinador que era el capitán Aulio Hernández, el mismo con quien había iniciado mi instrucción en Almirante 5 años antes. Si bien él tenía fama de ser exigente en los exámenes de vuelo con los aspirantes, como yo ya iba bien preparado lo aprobé sin mucho trauma. ¿Y ahora qué?

Mi licencia comercial no me daba gran ventaja para emplearme, ya que no contaba con la habilitación de vuelo por instrumento (*Instrument Flight Rules*, IFR), una certificación que autoriza al piloto volar el avión en condiciones meteorológicas donde se requiere usar las referencia de los instrumentos abordo debido a la falta de visibilidad externa. Recientemente, debido a una serie de accidentes causados por vuelos visuales inadvertidamente entrado en condiciones meteorológicas adversas, se había reglamentado que para vuelos comerciales ahora se requería a los pilotos tener esa habilitación. Además, las empresas cargueras que operaban aviones de categoría transporte, más de 12,500 libras de peso, también requerirían habilitación de multimotor para ser considerado como copiloto. Obtener ambas habilitaciones requieren una suma considerable de dinero, ya que es necesario contar con un avión equipado para los vuelos de instrumento y con un instructor abordo en todas las 15 horas mínimas de vuelo requeridas. Y para la habilitación multimotor, además del avión de dos motores, también se requiere un instructor idóneo abordo la totalidad de las 10 horas mínimas de instrucción. Tanto el avión como la instrucción de estas dos habilitaciones son considerablemente más costosos que lo requerido para el aprendizaje básico. Y las aerolíneas panameñas más importantes de esos días, Air Panamá Internacional y Copa, no consideraban candidatos para copiloto si no contaban con 1,500 horas de vuelo las cuales 500 debían ser en avión con turbina. El IFARHU estaba fuera de consideración ya que yo ya contaba con título universitario y me encontraba empleado, y pienso que también me había pasado en edad máxima. Contaba ya con 27 años. Me encontraba nuevamente estancado, pero con una gran ventaja: Tenía un avión. Ahora el asunto era cómo lograr acumular esa gran cantidad de horas y a la vez obtener las habilitaciones requeridas.

Arriba: El Aeronca 7AC, el primer avión de Ibu con su primer pasajero, don Teófilo Alvarado, su papá. Changuinola, Panamá, 1969.
Derecha: La maestra de Almirante y la amiga Rosa Amador en frente del Aeronca 7AC. Changuinola, Panamá, 1970.

Abajo: DC-3 de Aerolíneas Urracá. Aeropuerto Enrique Malek, David, Chiriquí, Panamá.

Arriba 1: El Curtiss Commando C-46 de Inair HP-483, que transportó ganado de Río Hato a Changuinola en 1971.
© Germinal Sarasqueta.

Arriba Centro: DC-3 de Alas Chiricanas. Aeropuerto Enrique Malek, David, Chiriquí, Panamá.

Arriba 3: Ibu se reencuentra con el Aeronca 7AC después de veinte años. Aeropuerto Enrique Malek, David, Chiriquí, Panamá, 1990.

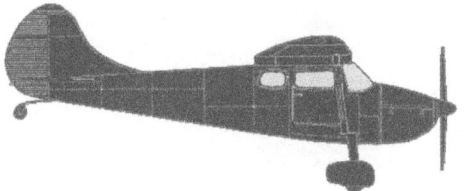

Parte 4
Piloto licenciado

11 Aprendiendo haciendo
12 Especies exóticas
13 Retornitis
14 Chuchú el chequeador
15 Vuelo estreno
16 Sembrador de nubes
17 Amerizaje en Narganá

Capítulo 11
Aprendiendo haciendo

Estando en "La Escuelita", conocí a Gustavo Tato Cuervo, quien le daba mantenimiento a los aviones de la escuela. Tan pronto adquirí el 170 acordé con Tato ser su ayudante en los trabajos e inspecciones que se le tenían que hacer al 170. Ese arreglo me permitió aprender la mecánica básica requerida para una aeronave monomotor y a la vez redujo los costos de mantenimiento considerablemente.

Pero el problema de acumulación de horas de vuelo era mi dilema continuo y no le había encontrado solución. Volar por volar no tenía mucho sentido. Debía encontrar una manera para justificar y más importante, sustentar económicamente estos vuelos.

Me encontraba en Paitilla una tarde cuando se me acerca repentinamente Constantino Tinito Romero, un personaje colorido y respetado como piloto: —Necesito un vuelo para llevar una batería a Porvenir. Tengo un avión varado. Te pongo la gasolina.

Claro que acepté, ya que era una oportunidad de meter horas. Ese viaje a San Blas ese día fue una experiencia inaudita para mí. La tarde ya estaba avanzada y había apuro en llegar y regresar antes de que cerraran el aeropuerto de Paitilla. En pleno ascenso, Tinito me dijo de manera enfática que no ascendiera por encima de las nubes, como era mi intención, que él tenía una ruta que ahorraba al menos diez minutos de tiempo de vuelo. Su ruta era cruzando la cordillera en su punto más bajo y entrando al valle del Madroño a 1,500 pies. Así fue, entre capas de nubes y siguiendo el cauce del río Madroño, salimos a Cartí, en la costa caribeña y desde ahí se divisaba la isla de El Porvenir. Al aterrizar, se bajó con la batería de repuesto, y yo por ahí mismo sin apagar el motor del 170 me enfilé para mi regreso a Panamá, eso si, a una altitud segura de 4,500 pies ya que no tenía ni la experiencia ni ganas de andar *huequeando* en áreas montañosas no familiares para mí.

El vuelo de ese día me abrió las puertas para poder acumular mis ansiadas horas, pues Tinito me ofreció registrar mi avión en su compañía Transporte Aéreo Tinito S.A. (Tatsa) y así hacerle vuelos especiales cuando sus dos Cessna 185 estaban ocupados o fuera de servicio. Claro que acepté. Cualquier oportunidad para volar y acumular horas. Me estaba encaminando a lograr mi meta. Y además, quien quitaba que quedara volando uno de los poderosos 185 que tenía la empresa. Tinito bromeaba, pero en serio, que sus pilotos todos tenían que ser peso pluma pues así le permitía cargar más peso lo que significaba más ganancias en fletes. Yo pesaba 150 libras, así que calificaba. Me entusiasmé.

Aunque volando con Tatsa no recibía remuneración fuera de la gasolina, logré acumular no solo horas sino que valiosa experiencia, ya que las áreas donde usualmente me tocaba volar, Darién y San Blas, eran marginales, con pistas en algunos casos críticas y sin cobertura de navegación ni comunicación, ni de radar. No faltaba un sábado o domingo que no tuviera uno que otro vuelito no programado. Todos eran instructivos y llenos de satisfacción personal.

Capítulo 12
Especies exóticas

Un lunes en la tarde me llama Tinito a que fuera al Hotel Ideal a reunirme con Gary Cohen, un californiano que exportaba especies exóticas desde su base en El Real, Darién. Esa noche al encontrarme con Gary, me explicó la operación que consistía en que me esperaría el sábado al amanecer en El Real, en la ribera del río Chucunaque, cargaríamos el avión con las especies del día, y yo regresaría a Tocumen a tiempo para embarcarlas en un vuelo de KLM con destino Ámsterdam, Holanda. El avión debería ir sin sillas para pasajeros para así poder embarcar las cajetas de cartón diseñadas especialmente para que cupieran en un avión monomotor. Nada fuera de lo normal. El sábado madrugué y me apersoné a Paitilla, donde me esperaba el 170 ya preparado para el vuelo, sin sillas y repleto de gasolina. Hice fila con todos los otros silvestres, como se le llamaba a los paitilleros que volaban a esas áreas remotas. Los aviones se alineaban para despegar apenas abriera oficialmente el aeropuerto. Una vez en el aire, se contactaba a Panamá Radio, en el Centro de Control de Tráfico Aéreo de Panamá, que era manejado por la Administración de Aviación Federal (*Federal Aviation Administration*, FAA) para su seguimiento parcial. Digo seguimiento parcial porque la cobertura de radar no llegaba hasta Darién ni San Blas; a las cincuenta millas, ya todo era ojo al cristo. En ruta se oían a los distintos pilotos dando su posición estimada, rumbo y altitud. Me tomó poco darme cuenta que lo que estaban haciendo era que a la falta de un controlador que los separara, cada uno estaba pendiente de los demás y se comunicaban entre sí, ya que de vuelo en condiciones visuales no tenía nada. Todos estaban o metidos en nubes, sin visibilidad, o entrando y saliendo de ellas. O sea, volando instrumentos bajo plan de vuelo visual. Me quedó claro que si no se volaba así, no se lograría llegar a los destinos durante la época de lluvia. Se me había alertado que a esa hora de la mañana, generalmente sobre la selva había una capa de neblina que no se disipa hasta que el sol empiece a calentar. Lateral a La Palma, capital de la provincia de Darién, en la desembocadura del río Chucunaque, la ruta planificada era seguir río arriba hasta llegar al poblado de El Real. Una vez dejé la costa, vi que la neblina aún no se había disipado y cubría todo el área terrestre, incluyendo el río. Aquí lo que cabía era bajarse sobre el río, aplicar *flaps* para aumentar sustentación y permitir al avión volar lento, manteniéndose por debajo del dosel del bosque y seguir río arriba hasta llegar a El Real. Esa era la técnica que había escuchado a los otros estudiantes en las tertulias en el DC-6, como se le llamaba al banco de madera situado al frente de la oficina de "La Escuelita" de Isauro. Le llamaba así porque supuestamente ahí era donde se apuntaban muchas de las horas que aparecían en las bitácoras de los estudiantes. No me consta. Así fue, después de unos treinta minutos divisé la pista de grama de El Real al margen de la ribera derecha y entré directamente sin procedimientos pues ya traía la altura y tenía el avión configurado para aterrizar. A todo esto pendiente al radio por si acaso venía otro avión haciendo lo mismo pero en vía contraria. No sé por qué pensaba que en El Real iba a encontrar una aldea con una capilla en medio de una plaza con calles de piedra trazadas, algo así como Panamá la vieja, ya que El Real de Santa María en Darién había sido fundada en tiempos coloniales. Lo que vi al aproximarme a la pista no era nada de lo que me esperaba. Sentí algo de decepción, pero como ya estaba en finales en una pista donde aterrizaba por primera vez, no tuve tiempo para distraerme en historia pasada.

Gary me estaba esperando con quince cajas de cartón con pequeños huecos que lograron ocupar todo el espacio libre en el 170. Afuera estaban estampadas con la leyenda, *Exotic Species* pero no especificaba cuáles especies. Al preguntarle a Gary, éste me aseguró que eran reptiles. Las habían empacado en la madrugada y deberían estar siempre en la sombra hasta embarcarse en el vuelo para Ámsterdam.

—Todo bien, así se hará. En una hora cuarenta y cinco minutos estoy en Tocumen descargando —le aseguré a él y a mí mismo.

El vuelo de regreso prometía ser relajado pues apenas despegué con mi cargamento exótico se divisaba La Palma y más lejos, el archipiélago de Las Perlas. Ascendí a una altura cómoda de 4,500 pies y me acomodé para disfrutar el vuelo. Eran las nueve y media de la mañana y estaba fresco el día. En eso oigo un ruido deslizante dentro de la cajeta que venía al lado derecho a la altura de mi cara. Inicié un salto, pero el cinturón de seguridad con el arnés de hombro no me daba cabida para moverme, así que lo que hice fue inclinarme al máximo al lado izquierdo de la cabina para alejarme de esa cajeta que a través de uno de los huecos se veían unos ojitos mirándome.

Ese viaje de regreso fue uno de los más estresantes que me acuerdo haber hecho en mi corta experiencia pues nada me quitaba de la cabeza que una serpiente bien podría colarse por los huecos en la caja y pudiese andar suelta por el piso. Durante el vuelo, coloqué los talones de mis pies encima de los pedales, por si acaso.

Al llegar a Tocumen, se realizó el traspaso de la carga y me regresé a Paitilla contento y aliviado de haber logrado el vuelo sin mayores consecuencias. Pero eso sí, me propuse de ahora en adelante conocer exactamente cuál será mi carga antes de partir.

Aunque había invertido casi ocho horas de mi tiempo, saliendo de mi casa desde las cinco de la mañana, solo había logrado registrar tres horas y media en mi bitácora de piloto. Pero viendo las cosas positivamente, había viajado y conocido un lugar apartado e histórico y encima de todo recibí veinte galones por la gasolina consumida en esa trayectoria. ¿Cómo poder quejarme de tan buen arreglo?

El próximo sábado al preguntarle, Gary me aseguró que no eran serpientes sino lagartijas las que había trasladado ese primer vuelo. Me tranquilizó esa aclaración. Esa rutina de los sábados siguió por unas cuantas semanas hasta que un día la carga fue de periquitos recién nacidos. Venían como veinticuatro por caja y al llegar a Tocumen y verificar los agentes de aduana el contenido, nos percatamos que la mitad o más habían muerto. No tenían agua, algunos eran pichoncitos con los ojos aún cerrados y el espectáculo era tan deprimente que ahí mismo decidí terminar con esos vuelos. Me enteré después que los lugareños darienitas capturaban esos loritos derribando los árboles donde detectaban los nidos. A los pocos meses la Dirección de Recursos Naturales Renovables (RENARE) empezó a aplicar una disposición ya establecida por ley que protegía a la fauna contra ese tipo de comercio, o sea, la exportación de especies silvestres sin permiso. Quiero pensar que algo tuvo que ver mi conversación sobre esta penosa situación con el director en esa época, Ricardo

Gutiérrez. Lo último que supe de Gary Cohen era que había abandonado Panamá y se había ido para Brasil para seguir exportando especies exóticas. Mis andanzas cargando fauna salvaje fue corta en duración, pero eso sí, grande en experiencia acumulada.

Capítulo 13
Retornitis

Los vuelos que le hice a Tatsa siempre fueron experiencias interesantes, y en algunos casos más de lo que hubiese querido, como el que ocurrió un viernes en la tarde. Recibo una llamada al trabajo desde las oficinas de Tatsa solicitándome que les hiciera un vuelo con una bomba de achicar para un velero que estaba en El Porvenir, San Blas. Por supuesto que accedí. Al salir de mi trabajo me dirigí a Paitilla donde despegue con la bomba de repuesto ya pasadas las cinco de la tarde. El tiempo estimado en ruta era de treinta minutos ida y treinta y cinco regreso, así que no podía demorarme pues me cogía la noche y Paitilla aún no tenía luces de aterrizaje. Debo admitir que aunque usé la ruta de Tinito por el valle del Madroño para ahorrar tiempo, no iba muy contento haciéndolo.

Al aterrizar, rodé el avión hasta el extremo de la pista donde me esperaba el dueño del velero y sin apagar el motor, le entregué la pieza que estaba esperando. Nos despedimos, y al aplicar potencia y a la vez freno derecho para girar el avión y alinearlo con la pista, sentí que se me fue el pedal del freno hasta el fondo. El avión cogía para la izquierda producido por el torque del motor. Había perdido el freno de la rueda derecha, el crítico. ¡Coñooo, no puede ser!

Después de un par de intentos para ver si con aplicación gradual de potencia lograría desplazarme en línea recta por la pista y fracasar, tuve que resignarme a que no tenía otra opción que pasar la noche en Porvenir y esperar hasta el día siguiente a que viniera un mecánico de Paitilla a arreglar el freno. Simplemente no había de otra. En esos días en El Porvenir no había ni teléfono ni radio para avisar a Panamá que me quedaría esa noche en la isla. De repente, ya fuera del avión, se me ocurrió una solución que podía remediar esta situación: Si alguien corriendo a la par del avión, sujetara la cola por el estabilizador horizontal impidiendo que se desplazara hacia la derecha, forzaría que la nariz del avión no girara a la izquierda. Eso a su vez, permitiría que el avión se desplazara en línea recta y al lograr suficiente velocidad, darle efectividad al timón de cola para continuar el despegue. ¡Brillante solución!

Por ahí mismo recluté a un voluntario de los varios que se ofrecieron y le expliqué como iba a ser la operación. Ya instruido, me monté al avión, lo arranqué y al aplicarle potencia gradual al motor, sentí que el avión empezaba a desplazarse en línea directa, como resultado de la fuerza para impedir el giro de la cola que ejercía mi recluta. Vamos bien. Al casi lograr la velocidad necesaria para levantar la cola, sentí un fuerte golpe en la parte trasera del avión y un leve giro de la nariz hacia la izquierda. Como ya tenía algo de efectividad en el timón de cola, seguí rodando sesgado hasta que logré enderezarlo con aplicación total del pedal derecho y lo dejé correr hasta que tuviese una velocidad mínima para despegar. Le apliqué full *flaps* y logré que volara; a duras penas, pero estaba en el aire. Una vez el avión estuvo volando normalmente, circulé la pista para ver que había sido la causa del golpe súbito al iniciar la carrera de despegue. Desde unos 50 pies, pude ver al voluntario tirado en el suelo boca arriba y sus amigos indicándome con sus brazos que estaba bien, que me fuera. De una vez entendí que fue lo que había pasado. En vez de agarrar el estabilizador horizontal por un costado, el voluntario se había colocado de espaldas en frente del estabilizador corriendo de espaldas y al ir adquiriendo velocidad el avión, recibió el golpe del estabilizador en el estómago, que fue lo que lo derribó. Pero bueno, estaba bien. Golpeado, pero bien.

En ascenso hacia el sudoeste, buscando cruzar la serranía de San Blas para llegar a Paitilla, vi donde el sol empezaba a ponerse. Aún me quedaban como treinta y cinco minutos de vuelo y me di cuenta que no iba a poder llegar antes de que oscureciera. En ese momento comprendí la estupidez que había cometido despegando con un avión averiado a estas horas de la tarde. ¿Cuál era el apuro de llegar a Paitilla? Y peor todavía, el aeropuerto estaría cerrado y estaría cometiendo una infracción. Regresar a El Porvenir y aterrizar en esa pista angosta y corta y a oscuras, sin frenos, ni de a vaina. ¿Qué hago ahora? Nuevamente, con esa notoria falta de agilidad mental que me acompañaba ese día dispuse no declarar una emergencia, sino irme directamente al aeropuerto en Gamboa, en la ribera del lago Gatún en el Canal de Panamá. Esa pista era larga, de grama, familiar pues yo daba instrucción en ella y no había autoridades a quien contestar. Pero también al igual que Paitilla y El Porvenir, sin luces de aterrizaje. Al cruzar la cordillera, ya en la vertiente del Pacífico, las luces de la ciudad de Panamá alumbraban todo el área y a lo lejos se veían las luces del Canal. Gamboa estaba a mi derecha en la entrada norte del Corte Culebra. Esta pista, aunque larga, tenía un cableado de alta tensión en su aproximación hacia el norte y a un costado, al Cerro Pelado, cubierto de antenas de comunicación. Lo bueno era que las torres de antenas estaban bien demarcadas con luces intermitentes. Sobrevolé la pista, aliviado que las luces de navegación marítima al borde del Canal estaban paralelas a la pista. Hice una aproximación alta y bien lenta, pues al tener un freno inoperativo, no iba a poder usar el otro para mantenerme rodando en línea recta al tocar tierra. Aunque el 170 tenía luces de aterrizaje, no podía distinguir la manga de viento para ver cómo estaba soplando el viento y solo me quedaba esperar que fuera una noche calma sin vientos cruzados. Tendría que dejarlo rodar hasta que la inercia lo parara. Así fue. Descendí gradualmente con poca potencia oyendo el pito del desplome (*Stall Warning*) anunciando que estaba a 5 mph por encima de *estolearme*. Pacatán. Pacatán. Se oyó y sintió cuando cayó el avión ya sin sustentación en la pista de grama. Rodó unos cuantos pies y se detuvo. Paré el motor y me quedé sentado por varios minutos recapacitando.

Me parece que he estado en esta situación anteriormente. Claro que sí, en el Aeronca en vuelo de Almirante a Changuinola. Aquella vez había determinantemente decidido que no iba a volver a encontrarme en una situación semejante. Pero aquí estaba, acabando de pasar otro susto inducido por mí mismo. Recapacitando, pienso que en el vuelo con el capitán Prescott en el Curtiss C-46 cuando aterrizamos de noche en Changuinola me ayudó en cómo manejar esta situación en cuanto al mantener la calma y concentrarme en el momento. Me acordé de su: *Slow it down, easy does it, easy, easy.*

En el ámbito aeronáutico existe una expresión en inglés tan certera que son pocos los aviadores que no se han visto en esa encrucijada: *Get-home-itis*, que se traduce más o menos en ansias de "retornitis". Esta debilidad, a falta de buen juicio se da en los vuelos de retorno, donde el piloto hace todo lo posible por regresar a su base de operación. Muchas veces se toman decisiones que de haber sido en el vuelo de partida, ni se hubiesen considerado por un segundo. Este fue el caso conmigo esa tarde en el aeropuerto de El Porvenir.

Capítulo 14
Chuchú el chequeador

Muy a mi pesar, nunca logré *chequearme* con Tinito en los 185 de Tatsa, pues la empresa cerró operaciones después de accidentarse sus dos aviones. Aunque sí conseguí hacerlo en otro 185 con el del controvertido José de Jesús Martínez, alias Chuchú. Su 185 lo había bautizado como el ALEPH I, supongo por su significado matemático o filosófico. La peculiaridad de Chuchú como piloto instructor era que él impartía instrucción desde el lado izquierdo, lado usualmente reservado para el estudiante, ya que los instrumentos de vuelo están de ese lado. Antes de iniciar el vuelo, Chuchú me indicó que me *chequearía* del lado derecho, y su razonamiento era que al ser así, yo tendría una gran ventaja, ya que estaba practicando para cuando fuera piloto instructor[14-A]. No me tragué ese cuento, pero bueno, era su avión y como yo era el interesado en *chequearme*, debía aceptar su estilo de dar instrucción. Además ya yo era instructor y estaba cómodo volando en el lado derecho. Pensándolo bien, no fue realmente un *chequeo*, sino más bien como una actualización pues no recibí instrucción alguna, pero si despegué y aterricé el avión tres veces de acuerdo con el reglamento para considerarse actualizado en el aparato. Actualizado sí, pero para quien ya haya sido *chequeado* en el avión. Yo no caía en esa definición, pero lo volé y en papel quedé *chequeado*.

—Ahora sí, ya estás listo para dar instrucción en un 185 —fueron las palabras de despedida al finalizar el vuelo. Le di las gracias y me retiré con muchas dudas al respecto.

Chuchú Martínez, doctor en filosofía, matemático, catedrático, empresario dueño de discoteca y piloto, era una persona fruto de un molde único. Después de oponerse activa y abiertamente el régimen del 11 de octubre de 1968, resultado en el golpe de estado de la Guardia Nacional, quedó inmerso a esa misma institución con el grado de cabo. Llegó a ser asesor del general Torrijos, e insistió en mantener ese rango dentro de la institución por un buen rato, tanto que se hacía llamar así, el cabo Martínez. Creo que después lo ascendieron al rango de sargento. Frecuentemente se le veía abordar el Jet de la FAP, un Westwind, en el aeropuerto de Paitilla acompañando al General en misiones al extranjero, eso sí, como asesor, no como parte de la tripulación.

Chuchú accidentó el C-185 aterrizando en una de las pistas de San Blas y eso fue el fin del el ALEPH I.

Capítulo 15
Vuelo estreno

Volar como pasajero también le permite a uno a vivir experiencias interesantes, como la que nos sucedió en un vuelo de Nueva Orleans a San Pedro Sula en 1977.

Después de una breve estadía en los EUA, que aproveché para sacar mi licencia comercial de la FAA, programé una visita a San Pedro Sula, Honduras, a visitar a Jorge y Carol Montealegre. Jorge, nicaragüense, había sido compañero universitario mío y ahora era gerente del Banco de América, asignado a San Pedro Sula.

El vuelo estaba anunciado a salir a las dos de la tarde, pero ya eran las cinco y nada. Los agentes de mostrador de Sahsa nos aseguraban que la demora sería breve, pero no fue sino hasta pasadas las seis de la tarde cuando fuimos guiados a la puerta de abordaje. El avión era un Boeing 737-200. ¿Y eso, qué pasó con los turbo hélice Lockheed Electra que operaba Sahsa?

El avión iba lleno y como pasajeros también iban unos pescadores deportivos que estaban exaltados de tantos alegrantes que se habían tomado en el bar del aeropuerto durante la larga espera. Al fin el aparato toma carrera para el despegue y dale que dale nada que ascendía. Después de lo que pareció una eternidad, levantó la nariz abruptamente y medio que tomó vuelo, pero volvió a caer sobre la pista. Se sintió la nariz bajar y sigue la carrera unos segundos más y de nuevo el intento. ¡Y voló, medio guinda'o pero voló! Nos habíamos comido toda la pista en ese despegue. No se oía ni un pío, y menos del grupo de los antes inquietos pescadores, solamente el rugido de los motores mientras ascendíamos.

El viaje fue de rutina con un buen servicio a bordo y al poco tiempo oscureció. A las dos horas y media descendíamos hacia el aeropuerto de San Pedro Sula. El mar estaba oscuro, pero se empezaron a ver las luces de las casas en la costa y se sintió el bajón de potencia de los motores, sin embargo no bajaban aún el tren de aterrizaje ni los *flaps*. En eso el avión se desvía hacia el mar nuevamente y empieza a girar en circuitos de espera que usualmente se hacen debido a alguna demora ya sea mal tiempo imperante sobre el aeropuerto o densidad de tráfico, pero en este caso la noche estaba clara y ¿qué tanto tráfico aéreo puede haber en San Pedro Sula a esta hora de la noche?

Estuvimos circulando algo más de una hora hasta que se sintió al 737 volver a enfilarse hacia la costa y bajar el tren de aterrizaje y los *flaps*.

—¡Ahora sí viene la vaina! —le dije a Teo que venía sentado al lado mío.

Por la ventanilla se podía ver que nos adentrábamos y se alcanzaban ver los tallos de banano. El aeropuerto Ramón Villeda Morales que sirve a la ciudad de San Pedro Sula queda en La Lima, zona bananera de Honduras y está rodeado de bananales. Pasaron las luces de la cabecera de la pista por debajo del avión y se veían las luces de la orilla de la pista pasar rápidamente, demasiado rápido para mi gusto. Pasaban las luces y nada que tocaba las llantas. Sabía que el avión estaba flotando. Yo calculo que ya habíamos pasado la mitad de la pista cuando se sintió que el avión bajó la nariz y se clavó firmemente en la pista e inmediatamente comenzó la aplicación de los frenos y la reversa de las dos turbinas. El avión se mecía de lado a lado, con una inclinación hacia abajo. Se prendían y apagaban las luces de cabina. Se abrieron los compartimientos encima de los asientos y empezaron a caerse maletines, paquetes, carteras y las máscaras de oxígeno. La gritería abordo no esperó en darse. Hasta los auxiliares de cabina estaban aterrados. Ya una vez quedó el aparato inmóvil, fue cuando todos respiramos con alivio. Que susto habíamos pasado y creo poder incluir a los pilotos en eso.

En la terminal nos estaban esperando Jorge y Carol y después de los saludos y bienvenidas, las primeras palabras de Jorge fueron: —¡Jodido, que suerte tenés! Acabás de estar en el primer vuelo Jet de Sahsa y el primer aterrizaje de noche en San Pedro Sula.

Al día siguiente al leer en el periódico la noticia bajo el titular "Catrachos inauguran era del jet y luces en San Pedro Sula". Me enteré que la tripulación del 737 lo había ido a buscar a la fábrica de la Boeing en Seattle, Washington. En estas entregas de aviones nuevo, es costumbre que se incluya un curso en el avión donde también se da instrucción en un simulador de vuelo que responde al modelo de avión[15-A]. O sea que, existía la posibilidad de que ese vuelo de la fábrica a San Pedro Sula, con escala en Nueva Orleans, era la primera vez que la tripulación comandaba un 737 en tiempo real. ¡Uf! Y para rematar, esa noche inauguraban las luces de la pista, y era primera vez que aterrizaban allí de noche. El aeropuerto no contaba con un sistema de aterrizaje por instrumento de precisión (*Instrument Landing System*, ILS), que indica la orientación horizontal y vertical por una gradiente preestablecida. Esa aproximación fue solamente con ayuda del receptor de alta frecuencia (*VHF Omnidirectional Range*, VOR), que da únicamente orientación horizontal. Me estremecí un poco con ese análisis y decidí mejor no darle muchas vueltas al asunto. En fin, el vuelo había terminado satisfactoriamente. Después de algo de susto por supuesto.

Hasta el día de hoy cuando volamos juntos como pasajeros en aerolínea y si el aterrizaje sale menos que perfecto, nos reímos y nos recordamos de aquel vuelo inaugural de Sahsa aquella noche en San Pedro Sula. ¡No me jodás!

Capítulo 16
Sembrador de nubes

En 1983, tanto la Comisión del Canal de Panamá (CCP) como el Instituto de Recursos Hidráulicos y de Electrificación (IRHE) se enfrentaban a una emergencia hídrica. La prolongada estación seca azotaba la cuenca del Canal al punto que se tuvo que restringir el calado de los buques para poder transitar el canal debido a los bajos niveles en el lago Gatún. En el lago Bayano los niveles estaban tan bajos que el IRHE tuvo que instituir apagones diarios a nivel nacional. A fines del mes de abril de ese año, la CCP solicitó asistencia técnica para un programa de estimulación de lluvia por medio de siembra de nubes con químicos al Departamento del Interior del Buró de Reclamación de los EUA (USDI-BR), quien llevaba casi veinte años de investigación en este campo[16-A].

La persona que vino en representación del USDI-BR fue el científico Dr. Wallace Howell, enviado a presentarle a la CCP y al IRHE las incertidumbres, los riesgos y los beneficios involucrados. Ambas instituciones decidieron proceder y los permisos correspondientes del estado y la coordinación con la DAC se iniciaron de una vez. Wally, como insistía se le llamase, era un meteorólogo octogenario y además piloto experimentado que aún volaba su avión privado, un Beechcraft Bonanza. Era un personaje único. Recuerdo que antes de entrar a la reunión con el Director General del IRHE, Víctor Carlos Urrutia y el Director de Operaciones, que era mi hermano Pao, me condujo a un aparte y me dijo: —*Let's not lie, but let's not tell them all we know, and above all, let's go piss so we can nego-*

tiate without pressure. Y así fue, pudimos negociar mejor porque fuimos al baño primero y aunque no mentimos, no le dimos toda la información que manejábamos.

La reunión se llevó a cabo de manera satisfactoria para ambas partes, con el compromiso de que a la cuenca del Bayano se le dedicarían un tercio de los vuelos aunque la CCP estaría aportando el noventa por ciento del costo, que era tres cientos veinticinco mil dólares. El diez por ciento que se comprometió el IRHE a pagar, era según Wally, solamente simbólico para que se sintiera identificado con el proyecto y lo respaldara en situaciones burocráticas que pudiesen aparecer. Dicho y hecho, cuando la Dirección de Control Aéreo de la DAC quiso oponerse a otorgarnos un espacio reservado sobre las áreas a volar entre 10,000 – 20,000 pies, fue el IRHE que interpuso sus buenos oficios para conseguir la aprobación.

El equipo que llegó consistía de 4 pilotos que incluía a un matrimonio de nacionalidad sudafricana. Las aeronaves a usarse eran un Piper Navajo y un Beechcraft Baron que contaban con cuatro tipos de aparatos para la aplicación que incluían: un sistema de disparo de bengalas de yoduro de plata, un generador de humo de yoduro de amonio con acetona, un dispensador de dióxido de carbono sólido (hielo seco) y un dispensador de una fina solución higroscópica consistiendo de nitrato de amonio y urea. Cada una de estas técnicas se aplicaría dependiendo del tipo de nube a tratarse.

La operación consistía en guiar los aviones con el radar meteorológico de la CCP donde se detectaban las nubes cargadas de agua en suspensión que solían cruzar el eje longitudinal de la cuenca hidrográfica del Canal y el trasversal de la cuenca del Bayano. Por lo general, el núcleo de estos cumulonimbos oscilaba entre 18,000 a 25,000 pies. En cada avión había dos pilotos que se turnaban o piloteando o comunicando y navegando para mantenerse circulando dentro de la nube mientras una tercera persona se encargaba de la aplicación de los químicos correspondientes. La base de operaciones se fijó en Paitilla y al segundo día uno de los pilotos se tuvo que regresar a los EUA debido a problemas con amebas contraídas en una de las escalas del viaje. El problema de falta de piloto tuvo fácil solución ya que tanto Wally como yo podíamos cumplir con esa tarea mientras mandaban un reemplazo, pero el otro problema era reclutar personal para asistir en la aplicación. Originalmente, se tenía pensado reclutar personal local para esa tarea, y yo había asegurado que habían bastantes posibles candidatos entre los pilotos desempleados que rondaban el aeropuerto buscando guinde, o sea una oportunidad de servir en la capacidad del tripulante para así acumular horas de vuelo. Que va, no se logró reclutar a ninguno pues ya se había corrido la voz que los vuelos eran de más de una hora circulando en el centro de un cúmulo con turbulencia severa, una temperatura exterior que bajaba a -10°C y una rayería que paraba los pelos en punta cuando le pegaban al avión. Pensándolo bien, tal vez yo tampoco me hubiese metido en esto de haberlo contemplado detenidamente, especialmente después de mi primer vuelo donde en medio de una turbulencia nunca antes vivida al preguntarle a Jim, el otro piloto ese día, si estos aviones tenían algun tipo de refuerzo estructural para este tipo de trabajo y la respuesta fue un simple *Nope*.

No pudimos interesar a ningún piloto ni pichón de piloto a unirse al equipo excepto al señor Dorcey, una persona ampliamente conocida en los predios de Paitilla como un fanático de la aviación, que aunque ni piloto, ni mecánico, ni dueño de avión, era aceptado en el círculo cerrado de Paitilla. Él tenía un negocio de chatarra y de camiones de volquete que alquilaba. No faltaba día que no estuviera en las tardes en el aeropuerto esperando para que le invitaran a volar. Una tarde se me acercó y me dejó saber que estaría interesado en aplicar a la vacante de tripulante en el proyecto de siembra de nubes. Dada su avanzada edad, consulté con los otros pilotos del proyecto. Había cierta renuencia de asimilarlo al equipo, pero si aún no teníamos candidato, tendría que ser él para así poder darle inicio formal al proyecto.

Se contrató. Esa misma tarde se le dieron las instrucciones del vuelo y se le demostró cómo se operaban cada uno de los sistemas de aplicación y cómo colocarse la máscara de oxígeno ya que como los aviones no eran presurizados[16-B], y al pasar por 12,000 pies, cada tripulante debía ponerse su máscara alimentada por un sistema interno de avión. Al día siguiente, una vez nos avisaron por teléfono que se detectaron varios cumulonimbos en el área de interés, procedimos inmediatamente a iniciar la siembra o el bombardeo, como se le llegó a llamar. Al pasar por los 12,000 pies, me di la vuelta y le hice señas a Dorcey que se pusiera la máscara. Entramos en el centro de la nube como a 16,000 pies, ascendiendo mediante crecía. Todo se obscureció, y empezó la brincadera mientras poníamos al avión a girar en círculos con inclinación bien pronunciada para mantenernos en el centro de la celda. La turbulencia era tan severa que se hacía difícil comunicarse con el controlador de tráfico aéreo y con el meteorólogo operando el radar en Balboa como también impedía uso del piloto automático. Nos turnábamos cada diez minutos al mando de los controles del avión. Con cada relámpago, de inmediato se iluminaba la obscuridad fuera del avión como si alguien hubiese repentinamente prendido las luces de un estadio. Lo más impresionante era cuando un rayo le pegaba al avión. Se sentía la electricidad pasando por el fuselaje hacia los descargadores de estática para estos efectos. Las descargas eléctricas que le pegaban al avión se caracterizaban por un hueco tamaño de la cabeza de un alfiler en el borde delantero del ala, y en el borde de salida donde estaban los descargadores de estática quedaba un hueco como de una pulgada de diámetro en la lámina donde la descarga había derretido el aluminio. ¿Qué es esto? Por lo general uno hace todo lo posible para evitar mal tiempo. Aquí estamos haciendo todo lo contrario.

Después de unos treinta minutos metidos en el meollo del cúmulo, se me ocurre mirar para atrás para ver cómo le iba a Dorcey. Lo que vi me hizo dar un sobresalto; estaba tirado en el piso con los ojos cerrados. Le hice señas a Jim de que canceláramos la operación, a la vez que le señalaba a Dorcey tirado en el piso. Maniobramos para salir del cúmulo y empezamos a descender rápidamente. Ya fuera del cúmulo sin turbulencia, pude desabrocharme el cinturón para ir a atender a Dorcey. Le quité la máscara y respiraba pero tenía la cara completamente azul y estaba inconsciente. Antes de aterrizar llamamos para pedir una ambulancia que nos estaba esperando para llevárselo al hospital. Una vez pasado el susto, volví al avión para ver que pudo haber pasado y encontré la manguera de la máscara desacoplada del enchufe del oxígeno. En ningún momento estuvo inhalando oxígeno. Era un claro caso de hipoxia[16-C], uno de los peligros de volar por más de treinta minutos arriba de 12,000 pies sin oxígeno suplementario. Pérdida de conocimiento.

A Dorcey no lo volvimos a ver por varias semanas,

así que Wally tomó su puesto hasta que contraté a Francis que hacía trabajos eventuales por el aeropuerto. Estaba cesante y accedió al instante.

La operación se inició el 31 de mayo y finalizó el 27 de agosto de 1983. Se volaron sesenta y un días. En cuanto al proyecto en sí, la efectividad lograda depende con quien se consulta, pero es un hecho que para tener una respuesta basada en data científica, se necesitaría mucha más información de lo que arrojaron estos sesenta y un días. Personalmente, tanto volando como en tierra, y sin tener en cuenta las estadísticas, no percibí ningún incremento en la cantidad de lluvia en ese periodo. Los lagos no incrementaron sus niveles y no fue hasta noviembre que se vio un aumento en el régimen de lluvias. Considero que fue un simple caso donde la naturaleza rehusó ser manipulada por la tecnología humana.

Capítulo 17
Amerizaje en Narganá

Con cientos de horas de vuelo logradas en el 170, me sentía que todo lo que debería saber del avión lo sabía. Todavía no había escuchado aquel sabio dicho: Todo vuelo es un aprendizaje.

En esos días había una gran demanda para traer langostas de San Blas para suplir a restaurantes y hoteles de la ciudad. El vuelo de langostero no dejaba de ser arriesgado sino también peligroso por la tentación de no dejarse intimidar por las inclemencias del tiempo y de cargar lo máximo posible para que rinda mayores ganancias. No me acuerdo como quedé yo haciendo estos vuelos de langostero, pero eran para un tercero, ya que no me interesaba el negocio, sino la acumulación de horas de vuelo en mi bitácora de piloto.

Ese día en particular salí temprano de Paitilla con solo los asientos delanteros, para así llenar la parte de atrás del avión con la carga de langostas que me esperaban en Narganá, pequeña isla en el litoral caribeño. La cordillera se veía nublada, pero nada nuevo. Lo que sí era de considerar eran unos nubarrones hacia el norte, mar afuera, que presagiaban tormentas y lluvia. Como era temprano, aterrizaría, cargaría y despegaría antes de que llegaran las lluvias, que en algunos casos son tan fuertes que impiden operar en esas pistas por falta de visibilidad y por vientos cruzados que suelen acompañar a estas tormentas. Al aterrizar en Narganá algunos pescadores aún no habían retornado con su cargamento de langostas vivas. Esa espera era algo angustiosa pues veía como a lo lejos se acercaba la tormenta. Ya cuando estuvo el avión cargado con langostas vivas, nos alcanzó la lluvia. Empezó a llover a cántaros, pero aún había visibilidad para ver el otro extremo de la angosta pista de cascajo con arena de 400 metros de largo. Con el motor prendido y listo para acelerar en carrera de despegue, noto como se acerca uno de los pescadores agitando los brazos a que esperara. Quería que llevara como pasajero al sáhila, el cacique indígena kuna, que iba para Panamá. Accedí a ello, así como también acepté como obsequio un saco de hermosos centollos, que me supuse eran en agradecimiento por llevar al sáhila. Después de perder valiosos minutos asegurando al pasajero con el cinturón de seguridad que no era de los acostumbrados, me enfilé con la orientación de la pista, seleccioné 20° de *flaps* y le apliqué toda la potencia al motor de 145 caballos. Tomó unos segundos empezar a rodar, pero a medida que adquiría velocidad, habían momentos en que se aguantaba, como si estuviese aplicándole freno. Eran los charcos que se habían formado en los pocos minutos de la fuerte lluvia. No era la primera vez que despegaba de Narganá con un peso similar, o con lluvia, pero sí con un recio aguacero como éste y encima de todo, pista encharcada.

Ya pasada la mitad de pista aún no alcanzaba velocidad de despegue y tomé la decisión inmediata de seguir con el despegue. Abortar era arriesgado pues si no lograba detener el avión, caería unos seis pies a un arrecife de coral que me esperaba al final de la pista. Había decidido que si aún al llegar al final de la pista no tenía la velocidad adecuada, aplicaría *full flaps* para así forzar el avión a volar con *ground effect*. Meses antes había extraído de urgencia a dos senderistas de Nombre de Dios. Me acompañaba mi amigo Cristóbal Tuñón. En esa ocasión me tocó volar como un kilómetro sobre el mar bajo *ground effect* hasta lograr velocidad para limpiar el avión y ascender.

Así fue. Al estar acercándome al final de la pista, y sabiendo que ya no había manera de abortar el despegue sin desbarrancarme al arrecife al fondo, apliqué todos los 40° de *flaps* y el avión respondió como esperaba, englobándose. Voló medio pendejón, pero voló. Pero el asunto es que al llegar al final de a la pista, donde se acababa el terreno y repentinamente encontrarse sin superficie sólida debajo de las alas, se perdió el *ground effect* y gradualmente empezó a perder altura hasta que llegó a unos cinco pies sobre la superficie del agua cuando se recuperó. Venía guindado, pero estaba volando. Ahora era cuestión de volarlo e ir quitándole los *flaps* lentamente para aumentar la velocidad y ascender lentamente. Vamos bien. Cuando de repente oigo y siento que el motor empieza a toser. ¡Coño! Le entró agua al carburador. Sabía que al cerrar la entrada de aire exterior y aplicarle aire caliente de los escapes, el motor perdería revoluciones, pero no tenía otra alternativa. Lo hice y en segundos cesó de toser, pero vi donde se perdieron más de 100 valiosas revoluciones del motor. Supe en ese momento que el avión no iba a poder seguir volando y que tendría que amerizar.

Reflexionando, pienso que en ese instante, de manera intuitiva, inicié los pasos en preparación para un amerizaje que me había descrito Bob Deimert hacía unas semanas en un vuelo sobre el Golfo de Panamá. Bob era un amigo canadiense quien se dedicaba a rescatar aviones de la Segunda Guerra Mundial para restaurarlos y venderlos a museos de aviación. El día que me instruyó sobre amerizajes, volábamos a inspeccionar los restos de un avión que estaba abandonado y tragado por la selva al lado de la pista de Jaqué en Darién, cerca de la frontera con Colombia. Estábamos volando sobre el mar a 5,500 pies cuando Bob me preguntó si creía que podríamos llegar a tierra firme de tener un paro de motor. Al sacar cálculos mentales basados en la distancia de la costa y la altitud, le respondí que no. Seguidamente, compartió conmigo su experiencia volando en Canadá, donde existen miles de cuerpos de agua, y donde como medida de sobrevivencia volando aviones de tren de aterrizaje fijos, como el 170, han desarrollado un procedimiento en casos de amerizaje forzoso.

A grandes rasgos consiste en asegurarse que antes del impacto con el agua, una de las puertas de la cabina esté abierta, volar lento con *flaps* al máximo, *estolear* el avión ya casi tocando las llantas y a la vez, bajar el ala derecha para que sea lo primero que impacte con el agua. Esta maniobra hace girar el avión hacia la derecha, incrustando la nariz en el agua, con el único propósito de prevenir que se volteara, o capoteara. Así los ocupantes no quedan patas para arriba, desorientados y atrapados en la cabina sin poder salir hasta que no se ecualice el interior de la cabina con la presión externa para entonces poder abrir la puerta.

Eso fue lo que hice. El 170 quedó clavado de nariz con la cola arriba, con el sáhila y yo sujetados por la correa de seguridad de tres puntos y con los sacos llenos de langostas sobre nuestras espaldas. El agua rápidamente se metió en la cabina, pero como la puerta había quedado parcialmente abierta, permitió que a empujones la pudiera abrir para salir. Una vez afuera, me percaté que mi pasajero aún estaba en la cabina. El 170 se estaba hundiendo lentamente de picada. Ingresé nuevamente a la cabina y me di cuenta que el sáhila estaba peleando con la hebilla del cinturón y no lograba abrirla. Era un cinturón que usaban los helicópteros militares Huey UH-1 y la hebilla era diferente a los de los aviones de Paitilla a los que estaban acostumbrados. De un golpe abrí la hebilla y halándolo saqué a mi pasajero momentos antes que el aparato regurgitara y se hundiera. A todo esto estaba lloviendo fuerte y no se veía la orilla, pero al parecer el sáhila sí estaba bien orientado pues empezó a nadar y rápidamente lo perdí de vista. Por alguna razón inexplicable, opté por quedarme con el avión mientras se hundía, en momentos tratando de mantenerlo a flote y me acuerdo pensar: Esto no puede estar pasando. Soy un piloto juicioso; el avión está en buenas condiciones mecánicas; soy un buen ser humano; no le guardo rencor a nadie. No puede ser, debo estar soñando, debe ser una pesadilla.

El haber ejecutado sistemáticamente lo que me había instruido Bob permitió que los resultados fueran benévolos tanto para mí como para mi pasajero; aunque no así para el 170 que a los pocos segundos, se hundió a una profundidad como de 20 pies.

Al hundirse por completo, empecé a nadar hacia donde percibía estaba la orilla, a todo esto, sin poder ver absolutamente nada debido a la intensa lluvia y repitiéndome en la cabeza: Esto tiene que ser un mal sueño. No me puede estar pasando a mí.

Después de nadar sin rumbo, sentí el fondo arenoso con las palmas de mis manos. Intenté pararme pero quedé de rodillas dirigiéndome a la orilla cuando oigo una voz femenina que me preguntaba: —*Are you all right? Are you okay?*

Al levantar la vista me encuentro con una alucinación: Una linda fémina, ataviada con pantalones cortos y camiseta blanca impresa con una paloma blanca volando ayudándome a pararme. ¡Mierda! Ahora sí. La vaina es en serio. Debo haberme muerto y estoy en el cielo.

Así como había empezado la lluvia, repentinamente escampó y todo aclaró. Había una multitud alrededor curioseando mientras la aparición que me había encontrado me explicaba que era una enfermera australiana trabajando como voluntaria en el hospital de Narganá. Tal vez por pena rehusé su ofrecimiento de ir al hospital para examinarme, ya que sentía que tenía que ver como recobraba mi avión. Como el 170 continuaba con el cargamento de langostas en el fondo del mar, los pescadores rápidamente organizaron a toda la comunidad a buscar trozos de soga o cable, lo que fuese para hacer una larga cuerda. Mandaron a uno de los buzos a amarrar la punta de la soga a la rueda de cola del avión y empezaron rítmicamente a halar pulgada a pulgada.

—¡*Guensak, bo, ba*! —"Uno, dos, tres", gritaba el que llevaba la batuta y todos halaban al unísono.

Yo observaba incrédulo ante la tenacidad de los isleños. Nunca van a poder sacar ese avión lleno de agua y con más de 300 libras de langostas —me dije.

Pero para mi sorpresa, en aproximadamente tres horas lograron sacarlo a tierra. Recogieron sus langostas y desaparecieron sin una sola palabra. No eran siquiera las once de la mañana y estaba yo solo con mi avión accidentado, inoperativo y sin la más mínima idea de qué hacer. Nada. No había nada que hacer sino esperar que pasara uno de los aviones de Paitilla y me diera un aventón de regreso. Me dediqué a sacarle los radios e instrumentos al avión para llevármelos a Panamá, pero eso no tomó más de una hora. Me quedé al lado del C-170 no sé si como solidaridad o como muestra de culpabilidad de que esto hubiera pasado.

Ya como a las cinco de la tarde oí un rugido de motor de avión y fui e icé la bandera blanca en el mástil al lado de la pista como señal de que hay pasajeros. Al los minutos aterrizó un bimotor Islander piloteado por Víctor Yard que me recogió. Víctor me escuchó atentamente al contarle lo sucedido y al terminar mi narración me aseguró que no era ni el primero ni sería el último de los que no habían logrado despegar en condiciones similares, con la diferencia que no todos podían echar el cuento. No sé si eso me tranquilizó o angustió. Creo que lo segundo.

El resto del viaje me lo pasé en profundo análisis. Había aprendido una gran lección y aunque salí ileso, tuvo un gran costo.

Entre los pilotos existe un fenómeno que tiene que ver con un sentir de comodidad que se da al ya haber estado en circunstancias similares. Ese grado de comodidad, o "planicie de confort" se va incrementado hasta arribar a otro nivel más alto; otra "planicie de confort" que reemplaza la anterior. Esto, de no controlarse, tarde o temprano llega a su límite. Obviamente yo estaba cómodo en esa planicie y en mi mente, evalué el factor de riesgo como mediano. En ese vuelo, ese sentido de confort me mordió el trasero. Y bien mordido.

Izquierda arriba: El 170 estacionado en la pista de Gamboa, que colindaba con el Canal de Panamá.

Izquierda centro: Los pilotos del proyecto de siembra de nubes: Jake, Ibu, Kevin, Sally y Jim. Paitilla, Panamá, 1983.

Izquierda abajo: Pat con el 170 en Coronado, Panamá.

Abajo 1: Tam Syme, Andrea, Teo y Pat con el Thrush Commander S-2R durante una visita a Changuinola, Panamá. 1977.

Abajo 2: El 170 después del amerizaje. Narganá, San Blas, Panamá. 1978.

Parte 5
El potente 180

18 Resurgimiento de un clásico
19 La Fiebre Amarilla
20 Vuelo de incertidumbre
21 Vital oxígeno
22 Poseído por el diablo
23 La despedida del 180

Capítulo 18
Resurgimiento de un clásico

Días después del accidente en Narganá, alquilé un avión y me fui con Bob a Narganá. Como el 170 no había sufrido golpes estructurales, solamente los elevadores en la cola que se vieron afectado en la operación de rescate, Bob me aseguraba que era cuestión de enderezar los elevadores, enjuagar el motor con aceite diesel, drenarle la gasolina y rellenarlo con gasolina no contaminada, sacar y limpiar las bujías y magnetos y ya. Una vez el motor arrancara, lo demás era solamente volarlo de regreso a Paitilla. Bueno, no fue así. Los pocos días que estuvo el avión fuera del mar a la intemperie, fueron suficientes como para asegurarse que no saldría volando. Le efectuamos lo que supuestamente había que hacerle para que arrancara y nada. Le dimos y dimos hasta casi agotar la batería del avión alquilado y nada que arrancaba. Nos regresamos rendidos de cansancio a Paitilla ya cayendo el sol. Hoy puedo razonar que obviamente que Bob no había tomado en consideración la salinidad del agua del mar Caribe en comparación del agua dulce de los lagos canadienses. Y que más vale que fue así, pues quien sabe que tanto habían sido afectado otros componentes vitales del motor por la salitre que no nos hubiésemos dado cuenta hasta no estar volando. Volándolo yo, pues él vendría volando el avión alquilado. ¡Qué hueso!

Como mi trabajo en el Canal no me permitía ausentarme por tantos días, contraté a un mecánico, Sabín Castillo, para que fuera a Narganá a desarmar el avión y lo trajera en uno de esos barcos de cabotaje que servían la costa entre Colón y Cartagena. Una vez el aparato llegó al puerto de Colón, lo montamos en una rastra de lancha y lo trajimos a Gamboa, donde lo metimos entero con toda y rastra al lago Gatún para lavarlo con agua dulce después de su chapuzón en el mar.

Aunque Bob me insistía que rehabilitar el avión a condiciones de vuelo no era gran cosa, yo continuaba escéptico al respecto. Tendría que hacérsele una restauración completa al motor, remplazar instrumentos y radios, además de los trabajos de lámina a los elevadores que fueron afectados. Aunque el casco del avión estaba asegurado, sospechaba que la reparación costaría mucho más de lo disponible. Yo no tenía tiempo para dedicarle a semejante proyecto y me resigné a aceptar la pérdida del avión.

En esos días al costado de la pista en Paitilla, habían una cantidad de aviones estacionados sin volar por una razón u otra, la mayoría abandonados. Entre esos había un Cessna 180 sin motor, sin hélice y sin instrumentos o radios, o sea, canibalizado, el HP-341. Averigüé que pertenecía a Ladislao Sosa. El motor estaba en un taller en Miami, Florida esperando fondos para hacerle una reparación mayor. Transé con él y quedé dueño del aparato. Conocía la reputación del Cessna 180 como un avión respondón, pero no me constaba. Nunca había volado uno. Bob se comprometió a ayudarme a ponerlo en condiciones de volar a cambio de que le canjeara el 170 recién accidentado y un fuselaje de otro 170 que tenía desarmado en el garaje de mi casa que había adquirido de Alex Stettmeier de David, después de sufrir un percance despegando de Plaza de Caisán en Renacimiento, Chiriquí. Por estos dos aviones, Bob me rescataría el motor del 180 de Miami y se lo llevaría a Canadá para hacerle una reparación mayor. El problema de la hélice faltante se solucionó una vez le compré una hélice vencida por tiempo a Mike Petrosky de las que tenían en el depósito de Aviones de Panamá. Habría que mandarla a los EUA para revisión y adecuación completa, pero eso era factible y dentro del presupuesto basado en lo recibido del seguro del HP-374. En un viaje en vuelo comercial a Nueva Orleans, me la llevé como equipaje personal y la entregué para su revisión general en un taller de hélices autorizado. A las semanas me la regresaron como nueva.

Entre amigos entusiastas y familia, le removimos la pintura a las alas y el fuselaje, lo pintamos y tapizamos. Se pintó de color amarillo lo que le ganó el nombre de la "Fiebre Amarilla". Al poco tiempo, recibí el motor desde Canadá con todos los papeles en orden y con la ayuda del técnico en instrumentos, Manuel Fletcher, el radio-técnico Wilbur Morrison, el laminero Alexander Luisón y con asesoría de Tato, quedé con un avión como nuevo. Cuando era operado por Servicios Aéreos del Canajagua Azul lo habían modificado instalándole una puerta de carga, un tercer juego de ventanas laterales, y asiento de banco en el compartimento de carga para acomodar dos personas adicionales para un total de seis. Igualito que los últimos modelos de la fábrica. Una belleza de avión.

En ese primer vuelo accedí que me acompañara José Salvador Pepe Muñóz, un ochentero, como le dicen los ticos a los que vuelan 180. Todo le funcionó satisfactoriamente y supe que tenía en mis manos uno de los mejores aviones mono-motores construidos. No era un DC-3, pero era un 180. Qué tremendo avión resultó ser.

Mi ilación con los 180 se había iniciado cuando con nuestro vecino en Changuinola, Luis Flores al mando de su 180, el HP-414, cruzamos, mi mamá, mi recién nacido hijo Teo y yo, la cordillera desde Almirante a David una noche en 1971. El viaje lo motivó la necesidad de tener acceso a una incubadora que funcionara, cosa que no había en toda la provincia bocatoreña. Esa odisea, así como muchas otras razones técnicas, me habían hecho un fiel adepto del Cessna 180, algo que sigo siendo.

Capítulo 19
La Fiebre Amarilla

En la Fiebre Amarilla la familia tuvo un sin número de experiencias únicas viajando por Centroamérica, México y los EUA. Visitamos y conocimos los sitios arqueológicos de Mixtla y Monte Albán de la cultura precolombina Zacateca que data a más de 500 AC en Oaxaca, México; cruzando la Sierra Madre Oriental del centro de México; visitando la cuna de la aviación en Kitty Hawk, Carolina del Norte, sitio del primer vuelo de los hermanos Wilbur y Orville Wright; el museo de la Aviación en Washington, DC; y todos esos pequeños pueblos de gentes hospitalaria que se esmeraban por complacer una vez sabían que uno era visitante. En realidad se le pudiese describir como una vacación volante.

En ese primer viaje cabe también mencionar una experiencia con las autoridades de migración mexicanas y estadounidenses que para mí fue una lección en como la comprensión y la buena voluntad hacen a las personas, a pesar de apariencias. En ese viaje en el 180 desde Panamá a los EUA, a la salida de México en el aeropuerto de Matamoros, nos despedimos de las autoridades mexicanas después de habernos sellado los pasaportes con la fecha y hora de salida del país. Volamos unos siete minutos, cruzamos el río Grande y aterrizamos en el puerto de entrada de los EUA que era Brownsville, Texas. Al estar pasando revisión, el agente de migración estadounidense, un joven tejano-mexicano se percató que mi pasaporte no contaba con una visa estadounidense. Mi pasaporte viejo, el que contenía la visa, por descuido lo había dejado en Panamá.

Le expliqué que el avión ya había salido de México y para volver a entrar, me vería en problemas pues no tenía permiso de entrada, y que nos permitiera dejar el avión en la rampa mientras yo cruzaba a México para obtener la visa de entrada a los EUA ¡Nada! El avión no podía permanecer en la rampa. Terco el hombre con su cara de pocos amigos. Ni modo pues, nos montamos en el avión, y nos regresamos a Matamoros donde nos apaña el mismo oficial que nos había estampado la salida momento antes.

—Órale, Comandante. No me diga, déjeme adivinar. Los pinches gringos de la migra no lo dejaron entrar y ahora usted quiere re-entrar a México pero no tiene permiso de entrada pues ya salió. ¿No es así?

—Pues así es, caballero. Debo sacar una visa aquí en Matamoros para poder entrar a los EUA. Pero como ya está cerrado el consulado, deberá ser mañana que lo pueda hacer. Debo dejar el avión aquí estacionado.

—Pues vaya pues. Ándele pues y arregle sus papeles y mañana tantito nos hablamos.

Le di las gracias pero a la vez saqué una cuenta mental de cuanto me costaría este favor. Supuse que ese favor me saldría no menos de doscientos dólares. O sea, casi 100 galones de combustible, o unas 10 horas de vuelo, o unas 1,500 millas recorridas. ¡No son dos reales!

Al día siguiente madrugué para estar en el consulado estadounidense a las siete de la mañana en punto. Cuando llegué, la fila era de dos cuadras y cuidado que más. Me acordé que como empleado del Canal de Panamá, una agencia del gobierno de los EUA en esa época, era empleado federal, por lo que supuse que habría alguna consideración. Así fue, me fui a la entrada y le enseñé mi carnet al guardia de seguridad que de una vez me hizo pasar y a la media hora tenía mi visa de entrada a los EUA. Empezamos el día bien.

Al llegar al aeropuerto y presentarnos ante el mismo agente de migración del día anterior, este nos dice: —Órale pues, Comandante, ¿ya tiene sus papeles en orden para los migra gringos?

—Pues sí, —le contesto medio cohibido, consciente de que tanto él como yo sabemos que entré anoche con el avión sin permiso de entrada al país.

—Ándele pues, adelante, y que les vaya bonito.

Yo me quedé algo atónito por un momento pero al ver que no había intención de su parte imponernos una mordida, le di la mano y por ahí mismo nos fuimos al avión. Al aproximarnos a Brownsville, éramos numero dos detrás de un Cessna 206 mexicano. Ya en tierra y al entrar a la terminal para presentar documentos en migración oímos donde el piloto mexicano le explicaba al agente de migración, otro, no el de la noche anterior, que su pasaporte y sus documentos de identificación personal, licencia de piloto, cédula, licencia de conducir, todos, se le habían quedado en el auto en Veracruz. Solamente traía copia de su plan de vuelo y que venía a buscar unos repuestos para unos tractores que eran importantes. El agente que parecía un vaquero rudo de esos con su revolver al cinto lo miró y le permitió que llamara a los proveedores para que les trajeran los repuestos al aeropuerto y que pasara a la sala de la terminal a esperar que se los trajeran. Al yo presenciar cómo se acababa de darle una solución práctica y razonable a una persona en apuros, le expuse lo sucedido el día anterior con el otro agente. Este solo sacudió la cabeza y dijo: —*Ah, he was just trying to demonstrate his power. Foolish young whipper snapper.*

Efectivamente, el agente rudo era un novato luciéndose con su recién adquirido poder.

Quién lo hubiera creído. Al quien uno pensaría que le tendería la mano basado en homogeneidad cultural, no lo hizo, y al que menos se esperaría que lo hiciera, lo hizo. Qué equivocación de mi parte, prejuzgar las apariencias.

Incontables experiencias tuvimos como familia en el 180. Saltan a memoria acampando bajo el ala en la isla San José o en un llano al lado del Hotel Oria durante los carnavales en Las Tablas, o simplemente los viajes a las playas tanto del Caribe como el Pacífico. Todas ellas agradables e inolvidables, pero debo reconocer que también hubo otras que pudiesen describirse como únicas y que ameritan compartir.

Capítulo 20
Vuelo de incertidumbre

Un viernes en la noche, el 28 de abril de 1984, me llama mi amigo Eddie para pedirme que lo reemplazara en un vuelo al día siguiente ya que él no podía hacerlo. Eddie, un amigo instructor y mentor, me había ayudado mucho en obtener mis licencias de la FAA desde la privada hasta la de instructor, y con quien me sentía agradecido. Eddie acostumbraba llevar a miembros de su iglesia a San Blas y Darién en vuelos de asistencia social a esas comunidades kuna, emberá y wounan.

—Claro que puedo, nada más que me llamen y coordinamos—, contesté, a todo esto pensando que los interesados eran misioneros mormones.

Al rato me llamó una persona identificándose como Mark y quedamos que temprano al día siguiente nos encontraríamos en Paitilla para emprender un vuelo de reconocimiento sobre el área de Pedasí, en la península de Azuero, donde pensaban construir un muelle para atender barcos atuneros. Nada que ver con los misioneros mormones. Bueno, no importa, vamos, razoné.

Temprano al día siguiente despegamos y aún en ascenso y enrumbados para la costa de Azuero, me informa Mark que debíamos recoger a un compañero en la pista de Chame. No hay problema, está en la ruta. Al aterrizar estaba la persona ahí esperándonos, y se me presenta como Glenn. Al despegar me dice que había cambio de planes que en vez de la península de Azuero, iríamos a sobrevolar la costa de Darién. En esos días hubo varios casos de secuestros de aviones de Paitilla que nunca se supo por parte de quien pero sí sobraban los rumores: La guerrilla colombiana, (Fuerzas Armadas Revolucionarias de Colombia, FARC). Ahora, si bien estos dos pasajeros era obvio que no eran colombianos, ¿quién quita que no anden en confusos negocios?

—La costa de Darién tiene más de 150 millas —les contesto—. ¿Dónde exactamente quieren ir?

—Estamos evaluando posibilidades de construir un muelle, aguas arriba de la desembocadura de algún río —me reiteraron.

Así fue, me desvié hacia el este, volando bordeando la costa hacia la desembocadura del río Majé, cuando me dice uno de ellos más específicamente: —En realidad, nos interesan los ríos después de La Palma.

Pensé: Esto se me hace raro. ¿Por qué tantas vueltas al asunto?

Seguimos volando río adentro a unos 500 pies de altura en cuanta desembocadura nos encontráramos. Ya teníamos más de dos horas de vuelo cuando entramos al río Sambú. Yo conocía esta parte de Darién, habiendo aterrizado varias veces en Boca de Sábalo, en la ribera del río, pero no había incursionado río arriba. Ahí la selva se torna más espesa y el terreno empieza a elevarse. A todo esto, ya se habían empezado a formar unas nubes negras al este de nuestra posición, hacia la frontera con Colombia.

Si por acá arriba lo único que navegan son piraguas, ¿en qué carajo es en lo que andan estos dos? me pregunté.

Ya incómodo, les anuncio: —Hasta aquí llegamos. El tiempo se está poniendo feo y sólo tenemos dos horas y medio de combustible para el vuelo de regreso de dos horas —exageré un poco.

Los dos me insistían seguir unas cuantas millas más

pero me puse tirante y simplemente giré hacia la izquierda e inicié el viaje de retorno. Sabía que no les había gustado mi proceder, pero ya no me importaba. Nada bueno andaban buscando estos dos.

Regresamos a Paitilla y les dije: —La gasolina por cuatro horas de vuelo son cien dólares.

Glenn, quién suponía era el mandamás, me puso un fajo de billetes en la mano y me dijo: —*Here's two hundred. No receipts.*

Recibí los doscientos dólares en efectivo y no les di recibo, tal como me lo expresó.

No fue hasta el martes que sale en la portada del periódico La Prensa, que las Fuerzas de Defensa de Panamá (FFDD) habían "descubierto" un laboratorio de cocaína en Darién, aguas arriba del río Sambú en las faldas de la serranía del Sapo. En el campamento habían confiscado un helicóptero de turbina de fabricación francesa, un Alouette, varias armas de asalto y un lanza granadas propulsado por cohetes (*Rocket Propelled Grenade*, RPG).

De seguro eso era lo que andaban buscando estos dos. Por ahí mismo emplacé a Eddie, para averiguar sobre estos pasajeros altamente sospechosos que me había encomendado. Muerto de la risa me aclaró que eran funcionarios de la embajada de los EUA, pero me aseguró que él no conocía de antemano cual sería el propósito del vuelo ese día y que no me había dicho que no eran misioneros porque no le había preguntado. Después de esa trastada conmigo, no quedé convidado a hacerle vuelos por un buen rato. Pero sabía que con el tiempo me olvidaría de ello y seguiría haciéndole vuelos. Después de todo, era una manera de meter horas.

A la semana salió otra noticia en los medios que habían detenido a un coronel de las FFDD acusado de estar implicado con lo del laboratorio, pero entre bastidores se comentaba que el coronel no era más que un chivo expiatorio. Estuvo un año en la cárcel y lo liberaron, pero eso ya es para otro narrarlo. Lo que si se me confirmó años después, fue que los dos pasajeros de ese día eran agentes de la DEA asignados a la embajada estadounidense. Manejaban información de la existencia de un laboratorio de fabricación de cocaína a unas 10 millas de la desembocadura de un río en Darién. Después de no dar con el sitio exacto en ese vuelo conmigo, le habían dado un ultimátum a las FFDD de: "O hacen algo, o filtramos a la prensa que en territorio panameño opera un laboratorio de procesamiento de cocaína". Esta versión me la narró veinte años después el que fue jefe de la CIA en Panamá en esos días, cuando le compré un Cessna 170 (N2800C).

A veces me pregunto qué hubiese pasado si no me mantengo en mi decisión de dar la vuelta. ¿Y si esos narcos nos hubieran disparado un cohetazo con el RPG y ya? Desaparecidos en la selva y punto. Nada ha pasado aquí. ¡Coñooo! Hay veces amerita ser terco e intransigente.

Capítulo 21
Vital oxígeno

En un vuelo de David a Panamá con mi hermana Nan como pasajera, me tocó una experiencia que me calcó de manera absoluta la importancia de estar preparado para cualquier escenario inadvertido. El vuelo fue en el mes de marzo, época del año que en las tardes se inicia la formación de cúmulos en esa ruta paralela a la cordillera que la hace incómoda si se atraviesan o si se vuela por debajo de ellos. Quise hacer el vuelo lo más placentero posible encaramándome por encima de los cúmulos para evitar la turbulencia. Sometí mi plan de vuelo visual para 9,500 pies pero al arribar a esa altitud, me di cuenta que tendría que subir más debido que a esa hora, como las tres de la tarde, los cúmulos estaban madurando rápidamente. Notifiqué a la torre del aeropuerto Malek que estaba ascendiendo a 13,500 pies, a sabiendas que después de treinta minutos en exceso de 12,000 pies de altitud, se expone uno a padecer principios de hipoxia. Aunque estaba bien anuente del posible riesgo, continué pues calculé que sería por unos pocos minutos. Al estar mi hermana dormida en el asiento de al lado, de seguro por efectos de la altitud, me propuse ejercitar mi mente haciendo cálculos matemáticos y recitando mentalmente versos conocidos, pues es una de las maneras recomendadas para aplazar temporalmente la hipoxia. Mantenerse mentalmente retado.

No sé cuánto tiempo pasó, pero me desperté oyendo una voz en mis audífonos repitiendo: *—Hotel Papa 341, what are your intentions? Do you copy?*

Era el Centro de Control de Panamá ubicado en Ancón

el que intentaba contactarme. Le contesté que sí les copiaba y que mi destino final era Paitilla.

—Bueno, sepa que está volando rumbo norte sobre la costa de Veraguas. Gire inmediatamente rumbo 180 y empiece a descender a 10,000 pies en condiciones visuales —me instruyó el Centro. Obviamente me habían visto salirme de ruta en el radar que operaban.

¿Cómo me había extraviada tanto de mi ruta? La única explicación lógica es que la hipoxia me había empezado a afectar. Si escuché al Centro llamándome y pude reaccionar juiciosamente, quiere decir que los efectos totales de la hipoxia aún no se habían manifestado, pues son la pérdida total del conocimiento. Eso fue un domingo, y al día siguiente adquirí un tanque de oxígeno portátil. Tiempo después, en el mismo HP-341, en un viaje con la familia de Panamá a los EUA, cruzando la Sierra Madre entre Oaxaca, México y Veracruz, nos tocó subir a 13,500 pies por no más de quince minutos, pero ahí sí que no perdí un solo segundo colocándome la máscara de oxígeno. Al buen entendedor, pocas palabras.

Capítulo 22
Poseído por el diablo

Por un tiempo utilicé el 180 para operaciones de paracaidismo en la pista de Calzada Larga, adyacente al lago Alhajuela. Los sábados y domingos se reunían entusiastas del paracaidismo de los clubes de Panamá y la Zona del Canal. El 180 era ideal para el paracaidismo pues podía acomodar tres o cuatro ocupantes según tamaño, con todo su pesado equipo y ascender rápidamente a altura predispuesta, lo que hacía que el tiempo de la operación fuera eficiente para los saltadores. Un domingo cuando ya estaba haciendo mi último vuelo, me tocó llevar a tres estadounidenses. A dos de ellos los conocía como regulares pues habían saltado anteriormente conmigo, pero el tercero era primera vez que lo veía. Era de gran tamaño y peso, calculo como de 200 libras, más sus dos paracaídas, el principal y el auxiliar. Tuvo problemas acomodándose dentro de la cabina del avión debido de lo abultado que andaba. Lo noté más aprensivo y no relajado como los otros dos que estaban disfrutando de lo que les esperaba mientras subíamos hasta llegar a 9,000 pies. Ya habiendo saltado los dos primeros y al tocarle al tercero, me solicitó con señas de mano que volviera a circular. Supuse que no se sentía confiado de nuestra posición sobre el punto de arribo. Me tomó un par de minutos circular 360° hasta posicionarme nuevamente sobre el blanco. Saltó. Me le quedé viendo como es de costumbre con el último que salta para entonces empezar mi descenso pronunciado, pero vi que no se le abría el paracaídas. Repentinamente, aún a unos 7,000 pies vi cuando desplegó el paracaídas de reserva sin liberarse del principal.

¡Miércoles! No podía creer lo que estaba pasando. De tanto haber escuchado conversaciones entre paracaidistas, sabía que en una emergencia donde no hay apertura del paracaídas principal, uno debe primero deshacerse de este antes de abrir el auxiliar para prevenir que se enreden. Eso fue lo que pasó. Se enredaron los dos paracaídas y la caída fue en espiral y rápida. Cayó a una distancia cerca de la pista, pero desde el aire pude ver que el impacto había hecho una fosa. Cuando aterricé, ya al cuerpo sin vida lo estaban cargando a un carro para algún hospital. Supe después que el accidentado había sido un candidato de una especialidad militar de salto altitud alta/apertura baja (*High Altitud Low Opening*, HALO) de las Fuerzas Especiales estadounidense, pero que lo habían rechazado por falta de determinación o carácter, no me acuerdo del término correcto. ¿Sería que quería convencerse o probarse algo a sí mismo ese día?

A partir de ese accidente fatal, a los miembros de los clubes de la Zona del Canal, les prohibieron participar más en saltos hasta que no concluyera una investigación, pero los clubes panameños siguieron saltando. A las dos semanas del accidente, vuelve y se suscita un accidente exactamente por la misma causa: No liberar el principal antes de abrir el auxiliar. Y para colmo, ocurrió en mi 180 y conmigo como piloto. ¡Qué vaina, carajo!

Esta vez era el accidentado era de apenas unas 120 libras y era miembro del club de salto de Shorty Miranda, un veterano instructor de paracaidismo. Cayó en medio de la pista de asfalto pero milagrosamente sobrevivió, tanto así que cuando aterricé al lado del él, lo metimos en el 180 y me lo lleve de una vez a Paitilla donde esperaba una ambulancia. Al día siguiente me informaron que se había quebrado ambas piernas pero que aparte de eso, estaba bien. Aterrado, me imagino, pero bien.

Ese mismo día, un lunes en la tarde, me llama Lotty Cruz, que era como el coordinador o promotor de paracaidismo en Calzada Larga.

—Ibu, queremos reunirnos contigo esta tarde para hablar algo importante.

—Claro, Lotty. Yo puedo estar en la terraza El Piloto en el aeropuerto a las 4:30. Nos vemos ahí.

Al llegar al lugar de reunión, ya estaban Lotty y Shorty esperándome.

—Vamos a ver. ¿Cuál es el asunto? —Les dije después de saludarlos.

Lotty empieza: —Ibu, tú sabes que los dos accidentes que hemos tenido han sido en tu avión y consultando con el padre Karamañitis de la parroquia de San Miguelito, nos manifiesta que sería sensato exorcizar tu avión para ahuyentar los malos espíritus que aparentemente lo acompañan.

Yo miro a Lotty primero y después a Shorty y le digo pausadamente: —Mira, Lotty, tú y Shorty, al igual que los demás paracaidistas, saben muy bien cuál fue la causa de esos accidentes y no tiene nada, repito, nada que ver con el avión. Es sencillamente o falta de buena instrucción, o falta de coraje, léase Toledanos, de parte de los accidentados; y que de ser la segunda, no tienen nada que estar haciendo saltando de aviones. Así que te dejo mi respuesta. No. Busquen por otro lado a qué echarle la culpa, pero me dejan el 180 tranquilo. —Me levanté y me fui.

A raíz de los accidentes la actividad de paracaidismo se mermó por un tiempo pero supe que volvió a coger auge ya que es una pasión no fácil de dejar. Por alguna razón u otra, no volví a volar paracaidistas. Tal vez fue algo de aquello de ¿y si el cura Karamañitis tenía algo de razón? Yo no sé.

Capítulo 23
La despedida del 180

Durante la invasión del 20 de diciembre de 1989, el 180 sufrió varias ráfagas de balas que perforaron su cola, alas y parte del fuselaje. Acudí al laminero, Antonio Nica Velásquez para que lo reparara y pusiera ambas alas en condiciones óptimas. Así fue. El vuelo de prueba fue al año, llevando un equipo purificador de agua a Bocas después del terremoto, donde demostró que quedó volando recto y nivelado y tan rápido como siempre. En ese vuelo de asistencia aérea a los damnificados me acompañó Billy Earle, a quien conociéndole su afecto hacia los 180, lo había invitado a acompañarme y de regreso a Panamá le cedí el lado izquierdo. Pasando el Escudo de Veraguas y como saben los que han volado esa ruta, nos encontramos con el habitual mal tiempo. No había de otra que comérselo, y aunque las alas se mecían hacia arriba y abajo con la fuerte turbulencia, estaba tranquilo pues sabía que era un avión diseñado para soportar esas peripecias. A todo esto ya era muy tarde para informar a mi invitado que este era un vuelo de prueba después de una reparación mayor. La ignorancia tiene ventajas. Sin saberlo, ese sería el último vuelo que haría en el 180. Me salió un comprador colombiano y con mucho pesar se lo vendí. Por la cantidad de horas voladas me tocaba hacerle un acondicionamiento mayor al motor y hélice. No lo podía justificar el gasto y tomé la decisión de venderlo.

La transacción se dio a cabo en la habitación de su hotel donde me entregó el equivalente de dieciséis mil dólares en billetes de veinte. Ingenuo yo, sin suponer que era una manera no común de transar una compraventa, salí del hotel con dos grandes bolsas de compras del almacén Modas Saks llenas de billetes mugrientos. Al día siguiente cuando fui a depositarlos en el banco fue cuando me enteré de la mala manera de negociar que había aceptado. Me tocó proveer decenas de declaraciones juradas y cuanta cosa más para justificar esa suma en efectivo. Pero bueno, por lo menos podía comprobar que el dinero provenía de una venta legítima. Supe que a los meses de llevárselo para Colombia, lo habían accidentado, pero conociendo la asiduidad colombiana, estoy seguro que lo repararon y que debe estar por ahí aun volando en las llanuras del Caquetá. Gran avión el HP-341. Cómo me arrepiento de esa venta.

El potente 180 149

Arriba 1: El 180 en el Hato de Volcán, Chiriquí, Panamá.

Arriba 2: El 180 en Santiago, Veraguas, Panamá.

Arriba 3: El 180 sobre el Valle del Madroño hacia San Blas.

Izquierda: El 180 aproximando a la pista de La Enea, Los Santos, Panamá.

Arriba: Ibu en la cabina del 180.
Abajo: Arribo al Aeropuerto de Pavas, Costa Rica, en viaje a EUA en la Fiebre Amarilla, 1982.

Derecha arriba: Paracaidistas e Ibu coordinando un salto. Calzada Larga, Panamá, 1987.
Derecha centro: El instructor Shorty Miranda preparando su paracaídas antes de abordar el 180, 1987.
Derecha abajo: Ricardo Sierra, Manuelito Alvarado e Ibu al lado del 180 en un encuentro aéreo en Chame.

El potente 180 151

Parte 6
El Maule determinado

24 El misionero
25 El rescatado
26 El reconstruido
27 El aventurero
28 El averiado
29 El inhabilitado
30 El reparado
31 El reanimado
32 El cumplido

Capítulo 24
El misionero

El doctor Gruber era un médico estadounidense que se dedicaba a atender la comunidad indígena kuna y estaba basado en la isla de Ustupo en San Blas. Era un personaje interesante y muy apreciado por su dedicación que también era reconocida en el extranjero. Semanalmente volaba su Piper Super Cub PA 18 a Paitilla para reabastecerse de medicamentos y víveres para la comunidad. El Super Cub, fabricado hasta el año 1949 era y aún es un avión popular especialmente en áreas de difícil acceso debido a su superioridad en cuanto a despegue y aterrizajes en pistas cortas e improvisadas y su capacidad de carga por volumen es notoria. Con una estructura de tubos cubiertos de tela y un motor de 150 caballos, es un caballito de trabajo. Sin embargo, ver este avión en particular no inspiraba mucha confianza pues el doctor lo tenía parchado en distintas partes del fuselaje con una cinta adhesiva comúnmente conocida como *100 mph tape*, que se conseguía de los talleres de la USAF en Howard. El doctor Gruber, no era necesariamente un piloto temerario, aunque si era algo desordenado y no era raro verlo aterrizar con un número de personas que excedían el límite establecido para el Super Cub (piloto adelante y dos pasajeros en el asiento trasero). Pero con su experiencia en el Super Cub, era un convencido del desempeño.

Una tarde, aterrizó, se bajó y con su característico sombrero de paja de ala ancha, saludaba a todo al que se encontraba. Venía a recoger a unos miembros de la iglesia a la que pertenecía en los EUA, que al parecer apoyaban económicamente la misión en Ustupo. A plena vista, los pasajeros no eran de peso pluma como los kunas que solía transportar en el Super Cub y más el equipaje que traían era obvio que el despegue sería con exceso de peso para el avión. El doctor Gruber ni se inmutó y se le vio asegurándoles que todo estaba bajo control; que se tranquilizaran. Los acomodó en el asiento de atrás, metió parte del equipaje personal en todo espacio disponible, abajo y detrás del asiento mientras que dejaba la demás carga en las oficinas de Tatsa para que se lo llevaran en el vuelo del día siguiente. El despegue, debido a la dirección del viento debía ser hacia el norte, hacia los árboles. La pista de Paitilla, aún en esos tiempos, era más que suficiente para un Super Cub, pero esta vez el peso abordo era mucho más que lo acostumbrado. A lo lejos se vio donde inició su carrera de despegue y se le veía acercarse pero con la cola aún en tierra. Ya más allá de la mitad de la pista, se oyó cuando cortó la potencia del motor; había decidido abortar el despegue casi al frente de la terminal donde nos encontrábamos los curiosos. El doctor se bajó del aparato con la intención de sacar equipaje para aligerar el avión, que obviamente era la razón por la cual no pudo alcanzar velocidad necesaria. El asunto es que los dos pasajeros, entendiblemente afligidos, rehusaron ser parte de ese nuevo intento. No hubo manera de que el doctor Gruber los convenciera. Por fin se le solicitó a Tatsa que transportara esa misma tarde a los visitantes mientras que él volaría solo con el equipaje y la carga. Sin saberlo, ese vuelo traería una gran sorpresa para el doctor Gruber.

A los meses de ese incidente, arribó en Paitilla un Maule Lunar Rocket M-5 de paquete desde la fábrica en Moultrie, Georgia, en los EUA, equipado con un motor de inyección de 210 caballos y con radios de comunicación y navegación de última tecnología. Este aparato tipo STOL de cuatro plazas era para el doctor Gruber. El piloto que lo trajo no sabía dónde contactar al beneficiario y me tocó servir de enlace e interprete y ahí fue donde me enteré que el doctor no sabía nada de esta donación. Me dirigí a las oficinas de Tatsa donde tenían un radio HF de comunicaciones para mandar un mensaje que se solicitaba la presencia del doctor en Paitilla. Este gesto o donación había sido el resultado de la experiencia aquella de los visitantes que meses antes habían pasado el susto en el intento de despegue del Super Cub. El Maule era para reemplazar al Super Cub en sus funciones de médico misionero. Para el doctor Gruber, habilitarse en el Maule no fue problema, pues era un avión convencional, patín de cola, igual que el Super Cub.

Lo que no sabían los donantes era que el doctor Gruber ya tenía intenciones para partir hacia los EUA a una especialización en neurocirugía microscópica. Así las cosas, le vendió el Maule, con menos de cincuenta horas de uso, al Reverendo James Thomas de la Iglesia Unión de Balboa. El reverendo era piloto pero de aviones triciclos, así que se me acercó para que lo preparara para volar el Maule. Yo no había volado un Maule antes, pero como era un avión convencional, después de consultar con pilotos más experimentados que yo en aviones convencionales, me aseguraron que no habría problema así que acepté instruirlo. Ya había logrado mi licencia de instructor de vuelo con la FAA hacía pocos meses, y el reverendo sería mi primer estudiante en aviones convencionales.

Acordamos que le daría instrucción desde la pista de Gamboa en las tardes al salir yo de mi trabajo. El reverendo, de unos sesenta y cinco años, aunque disciplinado, era algo intransigente. Después de unas diez a trece horas de instrucción, lo *chequeé* en Calzada Larga, que contaba con 1,300 metros de longitud. Nos regresamos a Gamboa, volví y lo *chequeé* en esa pista, que aunque de grama, era lo suficientemente larga y segura para un principiante. Al firmarle la bitácora le requerí que se restringiera operando entre las pistas de Calzada Larga y Gamboa y hasta que se sintiera confiado y cómodo con el avión, lo prepararía para pistas marginales como las que se encuentran en San Blas, ya que conocía de sus intenciones de expandir su misión hacia allá.

Al día siguiente me entero que el Maule lo habían accidentado en Aligandí, una pista angosta de cascajo de 400 metros en San Blas, y que el piloto era el reverendo. ¿Qué hacía el reverendo en Aligandí? Mis instrucciones habían sido puntualizas: Calzada Larga y Gamboa. ¿Sería que con ese *chequeo* ya se sintió confiado y cómodo con el avión? No sé, pero yo supuse que por lo menos le tomaría unas cinco horas más hasta sentirse que dominaba por completo el avión.

A los pocos días supe por boca de él mismo, que ese día del accidente, había hecho dos intentos de aterrizar, pero como el viento estaba cruzado, se había tenido que ir al aire ambas veces. Ya resuelto aterrizar esta tercera vez, lo hizo, pero con el inconveniente que se salió de la pista y el avión se capoteó, o sea que dio una vuelta de carnero y quedó patas para arriba. Ni él ni su pasajero, un aligandeño, se lastimaron, como tampoco se perdió su valiosa carga de huevos y pollos congelados. Yo debí haber sabido que un estudiante que es dueño de avión en que se le da instrucción, es difícil controlar.

Al pasar unos días me llaman de la compañía aseguradora para que los oriente en determinar si el avión es pérdida total o es reparable. Tan pronto pude, volé a

Aligandí con un mecánico y evaluamos los daños y determinamos que era reparable, pero que tendría que ser transportado por mar en barcaza a Colón y por tierra en mesilla hasta talleres en Panamá. El motor había tenido un paro súbito por lo que se tendría que mandar a un taller en los EUA para su revisión completa; la hélice doblada tendría que reemplazarse; las alas golpeadas y torcidas tendrían que repararse en Panamá y por último, el tren de aterrizaje tendría que desarmarse y reconstruirse o conseguir uno nuevo para reemplazarlo. La logística del transporte sería lo más enredado de la reparación, pues requería de mucha improvisación. La compañía aseguradora no tenía interés en esos asuntos y me propuso venderme el Maule donde está y como está por la suma de seis mil dólares. Hice mis cálculos deduciendo que la reparación de motor, hélice, fuselaje y alas pudiese terminar costando veinte mil dólares. El valor de ese avión reparado, con menos de sesenta horas de uso, podría alcanzar mínimo cincuenta mil. Lo vi como una inversión, dejando una utilidad suficiente para sufragar las licencias de multimotor e instrumento que me faltaban. Vuelta y me apersono al banco para un préstamo que al poco tiempo lo logré. Ya me conocían.

Así fue como quedé yo dueño de un avión estrellado en una pista en medio de la comarca kuna. No quedaba otra que dedicarme a planificar el traslado del Maule vía marítima hasta el puerto de Colón.

Capítulo 25
El rescatado

Al mes del accidente regresé a Aligandí con Brian, hijo del amigo y colega en el Canal, Frank Robinson, y nos propusimos a desarmar el Maule para transportarlo en lancha a Colón y de ahí a Panamá por carretera. No teníamos idea de lo que nos esperaba. La pista de aterrizaje de Aligandí estaba en tierra firme pero el poblado y el muelle estaban en la isla como a un kilómetro de distancia. El plan era que acamparíamos en la pista para así aprovechar más el día. Ya instalados al lado de la pista con nuestra tienda de campaña armada, se apersona el sáhila con una comitiva como de quince isleños para averiguar cuáles eran nuestras intenciones con el avión. Al escuchar mi plan de contratar dos ayudantes y pagarles diez dólares cada uno por día, nos manifestó secamente que no podíamos acampar allí, que teníamos que hospedarnos en el Hotel Aligandí y que los veinte dólares diarios que pensábamos pagarle a dos isleños como ayudantes, se convertirían en cinco para cada uno de cuatro de ellos. Esa medida, nos explicó, era para no alterar el sistema establecido de pago por día de trabajo. Tenía sentido. Y yo conociendo la diligencia de los kunas en cuanto a trabajo en equipo, sabía que el arreglo sería ventajoso para la tarea por delante. Esa misma tarde avanzamos volteando el avión para que quedara con las ruedas en tierra y se bajó la hélice del motor, dejando la tarea de bajar las alas y el estabilizador horizontal para el día siguiente ya que el motor, tren de aterrizaje y el timón de cola quedarían en el fuselaje. Ya había sustraído los instrumentos de vuelo y radios durante mi visita de inspección para la compañía aseguradora.

Una vez en la isla y acomodados en el hotel Aligandí, se nos presentó el cocinero y gerente, Pedro Martínez quién nos informó de manera orgullosa que había sido cocinero en las barracas de la base militar de Kobbe, y nos aseguró ser un excelente chef, como se hacía llamar. Así fue. La cena de bienvenida esa noche fue espectacular y los desayunos los próximos dos días fueron de primera. El almuerzo nos lo saltábamos para no dejar de avanzar y también anticipando la cena que nos esperaba en la noche.

Al segundo día, una vez desarmado el aparato, el problema era ver como transportábamos el fuselaje del avión de tierra firme al muelle en la isla. La separación entre las ruedas del tren de aterrizaje era demasiada ancha para poder colocarlo sobre un solo cayuco, y necesitábamos que el tren estuviese conectado al fuselaje para así rodarlo. Después de darle vueltas al asunto acordamos traer otro cayuco y sujetarlo con un 2x4 en la proa de cada cayuco para darle la separación necesitada y así acomodar cada una de las llantas dentro de un cayuco y otra tabla en las popas para descansar la rueda de la cola para que no hiciese contacto con el agua. Así fue, pero al momento de zarpar, el viento del norte le pegaba al avión de lado y como el Maule tiene una gran cola, esta hacía de vela y la tendencia era de volcarnos con todo y avión. A recomendación de uno de los ayudantes acordamos esperar hasta que anocheciera que es cuando el viento disminuye. Así fue, como a las ocho de la noche, con una soga amarrada a un tercer cayuco con motor logramos cruzar halando nuestra carga hasta la isla donde nos esperaba lo que parecía ser todo el pueblo quien nos ayudaron a subir el fuselaje y las alas los dos metros de altura del muelle. Después de otra cena hasta más suculenta que la primera, preparada por Pedro, nos acostamos rendidos pero satisfechos de los logros gracias a la cooperación de los isleños. Para ellos eso había sido como un festín. Las risas y algarabía se escuchaban hasta tarde esa noche. Al amanecer, la lancha de cabotaje que venía desde Capurganá, en la costa caribeña de Colombia en su trayectoria hacia Colón ya había atracado. Subimos el Maule desarmado encima de la cubierta, lo amarramos con sogas y nos embarcamos en la cubierta preparados para la segunda fase del recobro de la aventura: Once horas a bordo de la lancha oliendo los vapores del diesel de la máquina y a pleno sol resultó, sin lugar a dudas, la peor parte de esta experiencia. Al divisar al puerto de Colón en el horizonte, nos llenamos de un enorme alivio. Habíamos concluido la segunda etapa del proyecto de poner al Maule a volar de nuevo. Y de que volaría, volaría, el asunto era que no me imaginaba que nos tomaría siete años lograrlo.

Capítulo 26
El reconstruido

Al cabo de años de estar reemplazando, reparando y rastreando piezas para el accidentado Maule, estábamos listo para empezar el ensamble. El local era el garaje del amigo Alfred Chase, con quien me había asociado y que contaba con un taller completo para la tarea que nos esperaba. Todas las tardes le dedicábamos tres o cuatro horas al proyecto. Al tenerlo totalmente desarmado pudimos inspeccionar minuciosamente el fuselaje. Las alas estaban siendo reconstruidas en talleres de lámina en Paitilla, pero no contábamos con personas versadas en entelar aviones. Esa era una especialidad que se había perdido con el tiempo siendo uno de los últimos Humberto Goldoni, padre, quien fue zapador de la incipiente aviación istmeña en los años post-guerra cuando la actividad volvió a coger auge en todo el país. Para suerte nuestra, en esos días conocimos a Trevor Zandor, quien había llegado a Panamá buscando comprar aviones abandonados y alguien lo orientó hacia mí. Trevor era tanto piloto como restaurador de aviones antiguos y conocía las técnicas de entelar. Santo remedio.

En cuestión de días tuvimos todo el avión entelado y listo. Ahora faltaba colocarle la máquina y hélice recién recibidas. Reparar el tren de aterrizaje era otro asunto, pero para esto contamos con los conocimientos de soldadura especializada en cromo molibdeno de Leonardo Leo Stewart. Leo era bien conocido en el ámbito aeronáutico de Paitilla y era poseedor de varios talentos. Era la persona solicitada para reparar sistemas de aires acondicionados, de presurización, hidráulicos, y de combustible de los aviones. Leo trajo su equipo de soldadura de argón al garaje de Los Ríos y ahí se dedicó a básicamente construir un tren de aterrizaje nuevo usando el original como modelo. Ahora si se podía rodar el fuselaje como una rastra al aeropuerto para el ensamblaje final. Allá, en el taller de Tato, estaban las alas que habían sido reparadas esperando ser montadas. Después de esa fase quedaban los ajustes de los controles y la instalación de los instrumentos y radios. En esta tarea nuevamente participó don Manuel Fletcher con los instrumentos y Manuel Viloria, técnico en aviónicas, con los radios. La pintada fue hecha una vez el avión estaba ensamblado nuevamente. El color: Negro azabache.

Concluidos el papeleo y las inspecciones correspondientes por parte de la DAC, el día del vuelo de prueba al fin llegó. De nuevo para ese vuelo de prueba, me fui solo, aunque tampoco fueron muchos los voluntarios; solamente Alfred se ofreció como acompañante, pero le decliné su oferta; me sentía más cómodo yendo solo, así nadie sería testigo de verme espantado de suscitarse un imprevisto en ese primer vuelo. Después de intentar despegar y tener que abortar dos veces se le tuvo que hacer ajustes al motor y hélice para estar dentro de los parámetros técnicos. Al tercer intento, voló bien en cuanto a la mecánica, pero una vez en tierra nuevamente se le tuvieron que ajustar los controles de vuelo para lograr que volara recto y nivelado sin manipulación de parte del piloto. El color negro con la matricula, HP-705 pintada de rojo hacía que el avión se viera imponente. En Paitilla se rumoraba que el color negro era para pasar desapercibido durante vuelos nocturnos. Eso ni lo negaba ni afirmaba, dándole aún más rienda suelta al rumor. Qué vuelos nocturnos encubiertos ni qué nada; simplemente era para romper con lo acostumbrado.

Alfred nunca había volado aviones convencionales por lo que me tocó *chequearlo* en el Maule. Aprovechando ese entrenamiento, hicimos varios vuelos probatorios a lo largo y ancho del país, y definitivamente era un avión STOL, pero con máximo dos personas a bordo y combustible restringido. En esas condiciones se desempeñaba como lo enunciaban los manuales. Despegando era un helicóptero y también aterrizando ni hablar, pero hasta ahí. Lo llevamos a probar operando en pistas de altura como lo fue en las Lagunas de Volcán, la de mayor elevación en Panamá con 5,029 pies y a la segunda más alta, Cana, en Darién, con 1,327 pies de altitud y una gradiente bien pronunciada. A casi máxima capacidad de carga utilizando sacos llenos de arena para aumentar el peso, salía de Volcán pero no sobrado como lo podía hacer un Cessna 180. Para operar en elevaciones mayores de 5,000 pies se necesitaría ir limitado de peso. Estas pruebas sirvieron para planificar el próximo viaje que tenía pendiente que me llevaría a pistas de alta elevación a través de Centroamérica y México hasta los EUA. Al Maule le cabían 75 galones de combustible o sea para una autonomía de siete horas y media. Pero lleno de combustible y con cuatro personas a bordo, no podría operar con seguridad en varias de las pistas en ruta. Además, para volar tanto tiempo en un avión sin un baño abordo sería una imposición forzada para la mayoría de las vejigas.

Después de volarlo cincuenta horas por todo Panamá sin detectar problema alguno, el avión estaba listo para el viaje hasta los EUA. El plan era que yo lo llevaría y una vez allá se lo entregaría a Alfred para que lo volara de regreso a Panamá.

Capítulo 27
El aventurero

En esa estadía en los EUA, tenía programado habilitarme en vuelo por instrumentos. Decidí hacer el viaje con la familia. ¡Otra aventura¡ El plan era pernoctar en San José, Costa Rica, y de ahí entrar a México por Tapachula, siguiendo a Puerto Escondido y Guaymas para entonces cruzar el Golfo de California hasta Cabo San Lucas, Baja California. El viaje debía aprovechar lo mejor de la costa Pacífica mexicana. Era nuestra segunda travesía de este tipo en familia. La primera fue aquella con el 180 en 1982 por la costa caribeña mexicana.

El día de la partida, tuve problemas con el motor de arranque. No tenía fuerza para girar la hélice. Supusimos que era la batería así que perdimos un par de horas mientras Tato se la llevó a cargar. Pero lo raro era que había volado el avión varias horas el día anterior y estaba seguro haber dejado el interruptor *master* apagado. ¿Así que por qué amaneció la batería descargada? A eso de mediodía intentamos de nuevo y arrancó como era de esperar, con fuerza. En vez de volar directo al aeropuerto de Pavas en San José, decidí hacer una parada técnica en David para eliminar la posibilidad de que era algo con el alternador que no cargaba la batería después del arranque. Al aterrizar le llevé el avión a Ramón Gavilán, mecánico de vieja data. Gavilán revisó y ajustó las conexiones alámbricas. Intentamos nuevamente y arrancó, pero no con tanto impulso como debería. Evaluando la situación, decidí seguir el vuelo a Pavas, que estaba a hora y media, porqué aunque corría el riesgo de quedar sin batería, las consecuencias de ello no eran de peligro. Llámese un riesgo deliberadamente aceptado[27-A].

Lo volaría a Pavas y lo dejaría en el taller de Efraín Sánchez, persona conocida y respetada en Panamá por sus trabajos aeronáuticos. Así fue. Dejamos el avión en el taller con instrucciones que revisaran minuciosamente el sistema eléctrico. Al día siguiente, al ir a retirar el avión del taller, me informaron los mecánicos que el avión estaba listo para el vuelo. Todo normal. Me aseguraron que habían revisado el alternador y el motor de arranque y que ambos estaban bien. Tenía que ser que la batería no estaba haciendo buen contacto con tierra (*ground*) y por eso no cargaba eficientemente y le habían puesto otro cable para *grondearla* mejor. No debería tener más problemas. Esa explicación era razonable, así que nos preparamos para partir para Tapachula, México, con escala técnica en San Salvador. En ese primer tramo, ya nivelado y volando sobre territorio nicaragüense a 9,500 pies, sentí una leve vibración del motor y vi que cayeron las revoluciones momentáneamente 100-200 rpm, pero en seguida se normalizaron. Probé los magnetos uno a uno y las caídas de las revoluciones del motor estaban en su rango normal; reajusté la mezcla del motor de acuerdo a la altitud, todo bien; revisé el paso de la hélice, y las pulgadas de presión del múltiple (*manifold*) reajustándolas según el manual para esta potencia. No me volvió a molestar. Después de una escala para abastecernos de combustible en San Salvador, seguimos hacia Tapachula donde pernoctamos y por precaución dejé la batería cargando nuevamente, por si acaso. Al día siguiente el arranque fue bueno y partimos para Puerto Escondido.

Las playas eran todo lo que habíamos anticipado; los pocos turistas en esta época del año permitían disfrutar de las olas y las tibias aguas del Pacifico sin compartirla con los habituales gentíos. Ese atardecer lo pasamos en la playa, disfrutando de bebidas locales, yo Margaritas, y los muchachos batidos de frutas preparadas en un ranchito que servía también comidas típicas. Al día siguiente al amanecer, fue la vaina: Comienzos de malestares estomacales tanto en mí como en Teo y Andrea. No teníamos apetito pero el malestar no era tanto como para cancelar el viaje a Puerto Vallarta, nuestro destino para ese día. Decidí hacer una escala en Acapulco para reevaluar si seguíamos con el viaje, dependiendo como andaban los males estomacales. Como esa trayectoria sería sobrevolando la línea de la costa, le pedí a Pat que tomara los controles pues me sentía medio debilucho; que me notificara llegando a Acapulco. Me propuse cerrar los ojos e intentar recuperar mis energías que sentía me habían abandonado.

Al poco rato siento que me hamaquean. Me había dormido y ya estábamos con Acapulco con todo su esplendor a plena vista. Retomé los controles, contacté la torre y aterrizamos. Apenas me bajé del avión, sabía que no iba a poder seguir el viaje. Los espasmos estomacales eran más frecuentes e intensos, tanto para mí como para los muchachos. Tomamos la decisión de quedarnos en Acapulco hasta sentirnos mejor. El taxista que contratamos, nos recomendó el Hotel El Mirador, renombrado por ser donde se pueden apreciar desde la terraza a los famosos clavadistas dejándose caer desde 136 pies sobre las olas que rompen contra las rocas. La verdad es que por más mal que me sentía, el espectáculo fue algo impresionante y por ese momento casi se me olvidan mis dolencias. Al día siguiente amanecimos tan mal los tres que optamos por no seguir con el vuelo programado.

La gerencia nos mandó un médico que sin titubear diagnosticó: La venganza de Moctezuma. El tercer día, algo mejorados pero sin poder aún probar bocado, dispusimos seguir a hasta Puerto Vallarta. Esa noche en Puerto Vallarta, usando todas mis fuerzas caminé hasta un restaurante próximo al hotel para intentar cenar ya que tenía días sin poder probar bocado. Los muchachos si se habían recuperado en Acapulco. El camarero, al verme el rostro demacrado me preguntó si en los pasados días habíamos tomado bebidas preparadas con hielo en algún puesto de playa, a los que contestamos que sí, Margaritas yo, y batidos los chiquillos.

—Ajá pues, ahí está el detalle de segurito —nos informó de manera experta—. Si el hielo no era de esos con un hueco en el centro, quién sabe de dónde sacaron el agua para prepararlo.

—No, el hielo fue picado de unos bloques en una nevera —respondí.

—Híjole, ese es el culpable. Algunas veces hasta ranas aparecen congeladas en esos bloques de hielo. De seguro se vieron afectados por la venganza de Moctezuma.

Había oído de esta dolencia en los viajes anteriores por México, pero nunca me supuse que caería víctima, pensando que era reservado para los turistas norteños, no los carnales del sur del río Grande. Que tan equivocado estaba.

Por ahí mismo me recomendó un robalo al vapor, sin condimento alguno, ni siquiera sal, explicando la importancia de intentar mantener los alimentos sin rechazarlo para así recuperar fuerzas. Dicho y hecho. Al día siguiente después de esa insípida cena amanecí como nuevo, y retomamos la trayectoria planificada. La próxima escala sería en Puerto Guaymas antes de cruzar el Golfo de California a Cabo San Lucas, Baja California. Pero los días perdidos por el vengativo Moctezuma nos hicieron reflexionar y decidimos seguir volando hacia el norte y entrar a los EUA vía Tucson, Arizona. Por tal razón, Los Mochis, Sinaloa, sería nuestra próxima escala técnica.

Capítulo 28
El averiado

El vuelo fue sin acontecimientos. Siguiendo la línea de la costa pude disfrutar por primera vez en días del panorama. Una vez en tierra, comimos liviano y tomamos solamente refrescos embotellados por supuesto, siguiendo las recomendaciones del médico y el camarero de Puerto Vallarta.

Con el plan de vuelo aprobado, tasas de aeropuerto pagadas y el avión abastecido para volar cinco horas, nos propusimos continuar hacia Hermosillo en el estado de Sonora. En ascenso inicial pasando a través de 700 pies sentí que el motor perdía fuerza y noté que las revoluciones habían disminuido, impidiendo que el avión continuara ascendiendo. Es más, empezó gradualmente a perder altura. ¡Mierda! ¿Y ahora qué?

Intuitivamente prendí la bomba de combustible eléctrica. No me acuerdo haber tomado el tiempo para razonar que le estaba faltando combustible al motor y que inyectándole gasolina a través de la bomba eléctrica, ayudaría a recobrar las revoluciones. En este motor de inyección, la bomba eléctrica es usada exclusivamente para cebar el motor antes del arranque. Apenas entró la bomba eléctrica, el motor volvió a acelerarse. Un respiro de alivio. Pero sabía que no podría dejar esta bomba prendida más de diez segundos porque debido a la alta presión que produce, el motor se ahogaría con tanto combustible. Una condición conocida como un corte rico. Seguimos ascendiendo pero girando lentamente hacia la derecha para retornar a la pista. A la izquierda quedaba el mar y yo ya sabía lo que era tener que amerizar. Preferí jugármelas con los cañaverales tierra adentro. Apago la bomba eléctrica, y vuelve y se caen las revoluciones. El Maule pierde altura y los pocos pies que había ganado, los vuelvo a perder. Vuelvo y prendo, vuelve y acelera el motor permitiendo ascender nuevamente unos 100 pies. A todo esto estamos como a 500 pies sobre el terreno. Sigo con esta operación: Prendo, asciende, apago, desciende. En lo que parece una eternidad, logro alinearme con la pista y aterrizar.

Durante esta odisea, que calculo debió haber durado unos cinco a seis minutos, no más, mis tres pasajeros, Pat, Teo y Andrea, se mantuvieron quietos sin hacer ni una pregunta ni comentario; ni un ruido. Ese factor durante esos minutos de incertidumbre, sin duda, permitió que pudiera concentrarme y lidiar debidamente con la emergencia.

Una vez en tierra, me ocupo de tranquilizar a mi gente, pero sorprendentemente todos están calmos, aunque aliviados de estar en tierra, estoy seguro. No sería hasta años después de ese incidente que me reveló Andrea que en ese momento, al sentir el motor perder potencia y ver como se perdía altura, no sintió temor pues confiaba que yo resolvería el problema, fuese cual fuese. Algo interesante escuchar, pues, si supiera que si bien yo estaba calmado y concentrado, también estaba medio acullillado.

Tenía claro que la falla era porque no le estaba llegando gasolina al motor. Definitivamente no era agua en el combustible pues en esos casos, la falla es esporádica, no como ahora, sutil y progresiva. Y por supuesto, nada que ver con el problema que había tenido con el arranque desde que salimos de Panamá. Esto era otra cosa, y mucho más grave.

Capítulo 29
El inhabilitado

Una vez asegurado el avión, me dirigí a los hangares a buscar al mecánico recomendado por el controlador de la torre. El maestro, que era ya de avanzada edad, me siguió lentamente hasta el Maule acompañado de unas cuantas herramientas básicas dentro de un envase de plástico, de esos de helados. Después de explicarle qué fue lo que pasó, le bajó la tapa al motor y al observar el motor detenidamente me dice: —Uy, mi comandante. Este motor es muy complicado. Yo solo trabajo motores con carburadores. Tendrá que buscarse otro chamo que conozca de estos inyectores. Por ahí anda el Güero que es padre en estos motores modernos.

Al rato llegó el Güero Aguirre con su ayudante el Zorro en una camioneta campera Chevrolet. Una vez les narré lo del incidente, el Güero dictaminó: —Es la bomba de combustible mecánica la que le falló. Ahorita se la bajamos y se la reparamos. Zorro, saque la manta y póngala en la cama de la *troka*.

Me explica el Güero al preguntarle la razón de la manta: —Es para que al desarmar la bomba, que contiene chingos de resortes, que no se vaya a perder uno al salir volando por ahí. Ahí si nos lleva la chingada.

Pat y los muchachos se fueron en taxi a un hotel mientras me quedé con los mecánicos, pues quería ver que es lo que le iban a hacer a la bomba.

Viendo la ceremoniosa desarmada de la bomba, me recosté contra la cola del avión a recapacitar lo recién ocurrido: Falla de motor en despegue. Haber leído y entendido la operación del motor en el manual del fabricante arrojó sus beneficios. Y por supuesto, que debe ser que estaba parado bien con alguien allá arriba para que esto haya resultado sin mayores consecuencias. Pero esas reflexiones eran para otro momento, pues tenía que relajarme mentalmente y tomar decisiones importantes a lo que seguía.

Ya como a las ocho empezó a obscurecer y me informaron el Güero y el Zorro que seguirían trabajando en el hotel. Agarraron la manta por las cuatro esquinas y la recogieron con todos los tornillos, tuercas, resortes y cuanta cosa más y le amarraron las puntas para transportarlas al hotel. Me fui con ellos para el hotel que quedaba en el centro de la ciudad como a treinta kilómetros, cerca de donde estaban instalados Pat y los muchachos.

—Tiene un escape de aire y por eso es que está perdiendo la presión —me dijo el Güero en camino al hotel. Al no tener yo mucha experiencia con motores de inyección como este, sino de carburación, igual que el Maestro, no hice ningún comentario, nada más asentí con la cabeza. En el camino, me contaron que eran de Culiacán y estaban aquí contratados por una empresa de fumigación aérea de Los Mochis. De ellos me enteré que solamente en el Estado de Sinaloa había aproximadamente doscientos aviones de fumigación. Así que trabajo les sobraba. Mentalmente me puse a calcular cuántos aviones de fumigación teníamos en todo Panamá y no llegue ni a veinticinco, incluyendo helicópteros. ¡Jo! O somos pequeños o México es grande. O ambas cosas.

Ya pasada las once de la noche los dejé en la habitación de su hotel lijando la base de la bomba usando un gran espejo que habían bajado de la pared como superficie plana. Me prometieron que repararían la bomba esa misma noche y acordamos que me avisarían al día siguiente cuando la bomba estuviera instalada para ir a probar el motor.

En México, por lo menos en Los Mochis, el día se inicia a media mañana, pero así mismo se acaba ya tarde en la noche; y a altas horas de la noche todo está abierto, almacenes, talleres, restaurantes y hasta mecánicos reparando bombas de combustible en camas de hoteles.

En la mañana, cuando al fin logré encontrar algún establecimiento que sirviera desayuno ya eran pasadas las ocho. Para matar el tiempo mientras me llamaban para ir a probar el avión, me dediqué a caminar por la ciudad para conocer Los Mochis, Sinaloa. Ya a eso de las diez de la mañana se empezaron a colmar las calles con vehículos y casi no se podía caminar de lo abarrotada que se volvieron las aceras.

Poco antes de mediodía me llaman al hotel que la bomba ya está instalada. Tomo un taxi y me dirijo solo para el aeropuerto con la convicción de que si todo sale bien, regreso a buscar a mi gente y partimos por ahí mismo para Hermosillo. Al llegar al aeropuerto y probar el motor, este arranca, pero al acelerar no da la potencia que debería. Nada que ver.

—Hay que mandársela a mi compadre en Chihuahua donde tiene un taller de reparaciones de estas bombas —me dice con convicción el Güero.

—Chihuahua, ¿Qué tan lejos queda eso?

—Pues ahí nomacito, al otro lado de la sierra. Como a unas dos horas de vuelo.

—Pero que vuelo, si el avión aún está *grondeado* —le respondo medio frustrado.

—Pues no, se va en El Chepe que sale todas las mañanas y le garantizo que le va agradar. Vale la pena esa trayectoria.

—¿Qué Chepe? —le pregunto.

—Pues el tren. Anímese y así conoce Chihuahua, tierra de mis antepasados.

Acordamos que ellos se irían por delante con la bomba y al llegar a Chihuahua, nos encontraríamos en el taller de su compadre. Ante la falta de garantía de que el problema se resolvería, decidimos mandar a los muchachos por delante en un vuelo de Aero México, mientras nosotros solventábamos este problema. Esa misma tarde hicimos los arreglos y los embarcamos hasta El Paso y de ahí hasta Lafayette, Luisiana, donde sus abuelos.

Al día siguiente llegamos a la estación de tren a las seis de la mañana para la partida a las siete. Pasan las horas y nada de tren. Me levanto del piso de concreto donde estábamos sentados, pues no habían bancas en la estación y me dirijo donde hay una oficina para preguntar cuál es el motivo de la demora y me contesta una funcionaria con voz soñolienta: —Por ahí debe estar llegando el tren. Nomás espere.

Otra hora pasa y me levanto nuevamente y le digo: —Vea, señora, llevamos cuatro horas esperando y no hay señas de ningún tren. ¿Qué es lo que está pasando?

—Ah, pos mire, es que hay daños en la vía. Un puente que está maluco, y el tren viene con un retraso de unas horitas. Mejor véngase mañana a la misma hora de salida.

Y a todo esto sin anunciarles a los pasajeros ni jota. Me convierto en un portavoz de la empresa ferroviaria y les informo a unos turistas suecos, japoneses, franceses y quien sabe que otros países además de decenas de humildes agricultores indígenas que pacientemente esperaban el tren, aguantados calladitos sentados en el duro piso de concreto de la terminal, que el retraso sería de veinticuatro horas. No más.

Capítulo 30
El reparado

Así como el haber presenciado el espectáculo de los clavadistas en Acapulco fue un caso fortuito, no nos imaginábamos lo que nos esperaba en esta etapa del viaje: Un impresionante viaje por el Ferrocarril Chihuahua al Pacífico (El Chepe) atravesando la Barranca del Cobre ubicada entre Los Mochis y Chihuahua que es una serie de barrancas en la Sierra Madre Occidental en el noroeste de México. En su totalidad, el sistema de barrancas es más grande y profundo que las del Gran Cañón de Arizona. La construcción de esta vía se inició a fines del siglo 19 pero no fue hasta 1961 que se culminó debido a una serie de atrasos por la dificultad del terreno, revoluciones y falta de financiamientos. La vía consiste en 405 kilómetros con 39 puentes y 86 túneles cuyo viaje toma aproximadamente 15 horas desde el nivel del mar en Los Mochis, hasta casi 5,000 pies de altitud en Chihuahua. Es considerada una de las travesías férreas más espectaculares del mundo, entre los que se incluyen el ferrocarril Trans-Siberiano en Rusia, el de Casablanca a Marrakech en Marruecos y el de Cuzco a Machu Picchu en Perú.

Si bien ese viaje fue espectacular, también fue algo tenebroso. Desde que se deja la estación de Los Mochis a nivel del mar, el tren empieza a ascender para cruzar la cordillera y se van apreciando gran cantidad de puentes. Hasta ahí todo bien, pero después de un par de horas de viaje, el tren desaceleró a paso de tortuga. Al sacar la cabeza para ver la razón me encontré que estábamos por cruzar un enorme puente como de un kilómetro de largo sobre un profundo precipicio de por lo menos 300 metros de profundidad. Me trajo a memoria las fabulas del Corre Camino y el Coyote. Vi al conductor al que le habíamos apodado "Antonio Quinn" por su parecido al famoso actor.

—Oiga, Antonio, ¿Por qué vamos tan despacio? —le pregunté.

—Ah, es que este es el puente que ayer estuvo en reparación.

—¿Y por qué tan despacio, es que no están seguros que quedó bien reparado?

—Pos sí, claro que quedó bien reparado. Es nada más por si acasito... —contestó.

¡Miércoles! Pensé y volví a meter la cabeza dentro del vagón. No compartí ese intercambio con Pat hasta años después.

Después de pernoctar en Creel, un pintoresco pueblo en la sierra Tarahumara a 2600 metros, y el punto más alto de la travesía, seguimos al día siguiente a Chihuahua, esta vez algo más rápido pues el terreno va en descenso.

Chihuahua, una ciudad de una millonada de habitantes y con un rico pasado histórico desde campañas bélicas en la Guerra de independencia; ocupación por fuerzas militares estadounidenses en la Guerra mexicana-estadounidense; sede del gobierno en exilio de Benito Juárez durante la Invasión francesa; y por último durante la revolución mexicana, Chihuahua fue la base de operaciones de la División del Norte, liderada por Pancho Villa.

Una vez en Chihuahua nos dirigimos al taller a ver cómo andaban las cosas con la bomba mecánica de combustible. Quedé satisfecho de la organización que se apreciaba en el taller. A recomendaciones del Güero, aprovechamos y fuimos a visitar el museo de la Revolución en el centro de la ciudad ya que nos aseguró que su bisabuelo paterno, el general Aguirre, había sido lugarteniente de Pancho Villa y que aparecía en una foto famosa del estado mayor de la División del Norte. Fue fácil encontrar a su antepasado en la colección de fotos en el museo dado el parecido del revolucionario al Güero. Era el de la tez clara rodeado por hombres de caras curtidas por el sol. Al pie de la foto aparecían los nombres y acertadamente, era el general Aguirre. Estando en Chihuahua, decidí que Pat se adelantaría viajando en un vuelo comercial a Luisiana, no sé si porque sospechaba que la reparación del Maule tal vez tomaría aún más de lo esperado, ¿o qué? Yo me regresaría a Los Mochis y al estar listo el avión, lo volaría a su destino sin las escalas turísticas planificadas originalmente.

El viaje de regreso fue bastante aburrido, pues ya se había perdido el encanto aquel de ver las Barrancas del Cobre por primera vez, y, además, ya estaba ansioso para continuar con el viaje en el Maule. Los Mochis resultó ser una ciudad pujante, pero para nada turística. Ya había tenido suficiente.

El tren arribó a la estación de Los Mochis en la noche, y a la mañana siguiente me fui directamente al hotel donde estaban el Güero y el Zorro para azuzarlos a que nos fuéramos al aeropuerto a instalar la bomba. Al llegar al hotel, por supuesto estaban aún en cama y después de arrearlos a la *troka*, me informa el Güero que tenían que pasar a la casa de otro compadre donde tenían guardadas las herramientas. Al llegar donde el compadre, la esposa nos ofrece un desayuno de huevos rancheros, tortillas, frijoles, y todo lo demás. Yo había tomado mi café y me limité a sentarme en la mesa a esperar que se consumieran ese semejante desayuno. Al acabar el Güero se vuelve al Zorro y le dice: —Zorrito, váyase en la *troka* a buscar unos faros pues se me acabaron.

—Oye, Güero, ¿qué es esto de faros? ¿Qué faros? ¿Para dónde va el Zorro? ¿No es que ya nos íbamos para el aeropuerto? —le pregunto.

—Pues no, mi comandante, es que se me acabaron los cigarros y después de un desayuno como este se tiene que rematar con una fumadita. Ya nomás vuelve. Tranquilo. Relájese.

Tuve que disimular mi impaciencia que aunque difícil, lo logré, escuchando hablar de temas que se centraban en aviones y familiares. Al fin, después acabarse de fumar los cigarrillos, nos dirigimos al aeropuerto. Yo los dejo instalando la bomba en el avión y me voy a pagar las tasas de estacionamiento y a presentar mi plan de vuelo, confiado a que todo va a salir según programado. Al regresar me encuentro con que ya todo está listo para la prueba y me dice el Güero: —Arránquele pues, mi comandante.

Acciono el arrancador, gira la hélice y nada que arranca. Dale de nuevo y nada. ¡Carajo! ¿Ahora qué pasó? Antes era que no daban las revoluciones y ahora ni siquiera arranca.

Después de varios intentos y nada, noto la cara de desespero en el Güero y me dice: —Vamos a la terminal a llamar a mi compadre. Él debe saber que está pasando. Si la verificamos en el banco de prueba y trabajó.

Al tenerlo en línea oigo al Güero: —Vea, compadre, aquí el Güero. Le instalé la bomba pero la chingada no hala. ¿Cómo así, compadre? ¿Charlie Charlie Whiskey (CCW); no Charlie Whiskey (CW)? Pos no sé, compadre. Yo creo que sí, pero déjeme ir a darle un *chéquele* y si no la cambio. ¿Es Charlie Charlie Whiskey, verdad?

A todo esto yo estoy entendiendo que la bomba puede ser que se instaló con la perilla a que rotara con las manecillas del reloj (CW) y que se debió haber armado para que rotara contrario a las manecillas del reloj (CCW). Vamos para el avión y sacan la bomba, y veo que con un destornillador giran la cabeza de un tornillo 180°.

—*Chéquelo*, mi comandante, que esta vez si no hala, me retiro de la mecánica —me dice confiado el Güero.

—¿Estás seguro de eso Güero? —le pregunto de manera escéptica mientras me acomodo dentro del avión.

—Pos sí, no lo dude ni un tantito. Ya verá.

Acciono el interruptor de arranque y de una vez arranca el motor. Lo dejo que se caliente a bajas revoluciones y a los dos minutos lo llevo a máxima potencia de despegue y funciona como debería. ¡Santo remedio. Se arregló el problema!

Por ahí mismo empiezo a despedirme de los dos y como me quedé corto de efectivo, para completar sus honorarios, le ofrezco darle al Güero una cuchilla Suiza de esas especializadas para toda circunstancia. Nos damos la mano cerrando el trato.

—Pero espere, Comandante, yo tengo que acompañarlo en el vuelo de prueba y firmarle la bitácora de que todo está satisfactorio para que entonces le den el zarpe para que se pueda ir.

—¿Cómo? Mira, Güero, si tú te montas conmigo en este avión no te bajas hasta que lleguemos a Hermosillo, porque lo que soy yo, si despego, no regreso. Tú decides, pero yo me voy, con o sin ti.

Capítulo 31
El reanimado

Así fue, salí de Los Mochis como a las cinco de la tarde ese sábado y durante todo el vuelo el motor se portó a las mil maravillas. Me sentía a la vez confiado y aliviado que me habían resuelto el problema. Volando por terreno árido, plano y desprovisto de árboles con rumbo norte, pensé: Ya con esto he tenido suficiente sobresaltos para durarme por un buen rato. De aquí en adelante me merezco un viaje sin traumas de ninguna clase.

Aterricé en un Hermosillo ya obscurecido. No había nadie en la rampa así que no pude dejar la batería cargando, como se había vuelto una norma de precaución en cada parada. Me fui al hotel y ahí me puse a estudiar la ruta del día siguiente. Como esta ruta no era la que había escogido originalmente, no estaba familiarizado con las características de la misma. Estaría volando entre las dos cordilleras de la Sierra Madre Occidental, en el valle que va subiendo a medida que se desplaza hacia el norte. Los picos a ambos lados oscilan entre 7,000 y 11,000 pies, y como yo estaría volando en medio, paralelo a ellos, no anticipaba problema alguno. Una altitud de 11,500 pies sería más que suficiente. El plan era dirigirme al norte desde Hermosillo sobrevolando un área montañosa e inhóspita antes de ingresar a los EUA por Arizona, donde pasaría migración en Tucson; de ahí rumbo este sobrevolando por varias horas áreas desérticas del sur de Arizona, Nuevo México y Texas hasta penetrar los *bayous* de Luisiana. Mi destino final sería Abbeville, en el suroeste de Luisiana.

El Maule determinado 183

El tiempo de vuelo dependería del aguante de mi cuerpo y/o las condiciones atmosféricas, pues pensaba llenarle los 75 galones de capacidad del Maule al máximo para no tener que hacer demasiadas escalas técnicas. Tendría siete horas y media de autonomía.

Al día siguiente muy temprano, al asomarme por la ventana del hotel, lo que vi fue un cielo encapotado, gris y con lluvia ligera. Umm, no me está gustando esto para nada.

Al llegar a la terminal del aeropuerto me encuentro con un grupo de personas que forman parte de la organización *Flying Doctors* quienes son médicos pilotos estadounidenses que viajan periódicamente a México y Centro América en giras para atender a grupos indígenas en áreas apartadas. De salida me entero que el tema de conversación es una línea de tormentas en la ruta entre Hermosillo y Tucson, a donde también se dirigen. Tienen contacto vía telefónica con el Centro de Ayuda a la Navegación en Tucson y los pronósticos no son nada buenos. Me invitan a unirme a ellos para ir a desayunar a la ciudad mientras se mejora el tiempo y ahí aprovecho para obtener efectivo de un cajero automático. Los aviones que componen esa flota van desde monomotores y bimotores turbo hélices, y todos cuentan con los equipos de navegación y comunicación sofisticados. Planifican el vuelo de retorno de manera organizada, colocando los aparatos más rápidos a que salgan primero. No es sorpresa que el Maule queda de último en la formación de once aviones. Bueno, que vayan ellos explorando por delante pues el Maule no cuenta con radar meteorológico, solamente con lo que detectan mis ojos.

A eso de las once de la mañana reciben una llamada que el tiempo se está despejando y que si se sale ahora, ya la tormenta se habrá disipado cuando estén en el área de la sierra. Nos apiñamos en varios taxis para el aeropuerto. Aún hay ligera llovizna pero la visibilidad ha mejorado considerablemente. Como estaré despegando de último, tomo mi tiempo preparando el Maule y haciéndole una revisión externa. Me preocupa lo de la batería, ya que anoche no pude dejarla cargando debido a lo tarde que llegué. El viaje de ayer de tres horas puede que la haya descargado nuevamente. Veo que han despegado los primeros de los once aviones de la caravana, así que me dirijo a la terminal a presentar mi plan de vuelo para Tucson. Me toca pasar por migración donde me sellan el pasaporte oficializando mi salida del país. Al regresar al avión le lleno al máximo los tanques de combustible, pero aún con aquella duda del arranque, decido probarlo para ver qué pasa, aunque aún no me toca salir. Acciono el arrancador y la hélice gira pero con poca fuerza. De salida me doy cuenta que no va a arrancar. ¡Carajo! Y sigue la vaina... Me queda claro que en un vuelo de tres horas la batería me trabaja lo suficiente para operar los radios pero no queda con suficiente carga para otro arranque.

Como es domingo, todos los talleres están cerrados pero logro acorralar a un seguridad del aeropuerto, Chema, quien se ofrece para conseguirme a alguien que me pueda ayudar. Sin embargo, su hora de salida es a medio día y aún faltan unos treinta minutos por lo que me toca esperarlo impacientemente. Ya pasada las doce salimos en un taxi con él dando indicaciones para la casa de la persona que el piensa me puede sacar de este predicamento. Al llegar a la casa se baja del taxi y empieza a llamarlo:
—¡Micho, Micho!

Sale una mujer aún en camisón de dormir y con voz altanera nos grita: —¡Qué Micho ni qué Micho! Vayan a buscarlo en casa de la otra y de paso me le dicen al zángano ese que por aquí ni que piense en volver jamás. ¡Que no se le ocurra!

Un Chema intimidado por esta mujer brava dice saber dónde vive la otra y nos dirigimos para allá. Al arribar, no se baja del taxi pero si le pide al chofer sonar la bocina y después de lo que parece una eternidad, sale una mujer con cara de amanecida y Chema le dice: —Buenas, mi señora, venimos a buscar al Micho que lo necesitan urgentemente en el aeropuerto. Nos lo llama por favor.

Al rato sale el mentado Micho. Después del Cuervo, un Gavilán y un Zorro, ya un Micho no es de sorprender. Sale sin camisa con cara de emparrandado. Chema le explica mi dilema y el Micho le contesta que llegará por allá una vez desayune.

—¿Cómo? —interfiero yo al instante.

—No, que va, amigo. Yo necesito que usted se venga con nosotros de una vez y después yo le invito a un desayuno. Véngase.

Después de la experiencia del desayuno en Los Mochis, a mí no me agarran así nada más.

El Micho se nos une en el taxi y en el camino le describo los síntomas del arranque, igual que lo había hecho ya en tres otras ocasiones. Él no dice nada. No sé si es su personalidad o la resaca que trae encima. El aliento a alcohol apunta a que es lo segundo. Al llegar, va directamente a un depósito y saca un destornillador y una pinza y se pone a quitarle la tapa del motor al Maule. Una vez desarmada, prosigue a desmontarle el regulador de voltaje que está sujeto a la pared de fuego del avión. A todo esto ni una sola palabra. Desenchufa la batería y la lleva no sé dónde para cargarla y nos deja ahí a mí y a Chema esperando. Al rato regresa con otro regulador de voltaje. Lo reviso para asegurarme que es de 12 voltios, igual que el del Maule. Lo es, pero me doy cuenta que es usado, no de paquete. Sospecho que al no haber almacenes de piezas abiertos hoy domingo, o se lo quitó a otro avión o lo encontró en algún rincón que frecuentan en todo taller.

A todo esto, ya el último avión de los doctores partió hace media hora y todavía falta por lo menos una hora más para que la batería se recargue. Mientras charlamos esperando que la batería termine de cargar, me entero por Chema que el Micho lleva años trabajando en el aeropuerto pero que mecánico certificado no es. Me dice de manera confidencial: —Vea, Comandante, él le hace a la mecánica pero no puede firmar sus trabajos. Es muy chido y le garantizo que es un resolvón. Ya verá.

Eso a mí no me inmuta. Conozco de un par de mecánicos empíricos que gozan de mi entera confianza, como lo son Catito Jaén y David Blake allá en Paitilla. Además, qué puedo hacer yo ya a estas alturas del juego, sino resignarme en la destreza de este autodidacta.

Al poco rato instalamos y conectamos la batería y le doy llave al arrancador. El motor prende de una vez. Después de las verificaciones de rigor, apago el motor y le pago a Chema y al Micho.

—El desayuno se lo debo porque lo que quiero es salir de aquí cuanto antes. Mi atraso ya es de 15 días —le digo en broma y en serio alargándole otros cuantos pesos de más.

Una vez en ascenso para 11,500 pies escucho las transmisiones de algunos de los aviones de los *Flying Doctors* que salieron antes que yo. Lo que oigo no me tranquiliza para nada; unos están pidiendo vectores para esquivar el mal tiempo; otros solicitan altitudes mayores para sobrevolar los cúmulos; otros solicitan autorización para volar con plan de vuelo de instrumentos; y dos han tomado la decisión de cambiar su destino a otros aeropuertos. Estoy apenas entrando a lo que parece ser el ancho valle en medio de la Sierra Madre Occidental. Por delante lo que veo es solamente un cielo oscuro. Por debajo, un ferrocarril con rumbo norte, y por el mapa que descansa en mi regazo, sé que sigue la ruta que me llevaría directo a la frontera con los EUA. Pero no tengo radar meteorológico para ubicar y evaluar la intensidad del mal tiempo, ni cartas de aproximación para el aeropuerto de Tucson, ni oxígeno para volar a 15,000 pies que escucho es la altitud mínima de ruta (*Minimum Enroute Altitude*, MEA,) ni un avión equipado para vuelos por instrumentos, así que no me queda otra que regresarme. ¡Qué vaina, carajo!

Inicio un viraje de 180° para regresar a Hermosillo a la vez que reduzco la potencia para descender pues había alcanzado más de 7,000 pies. A los pocos minutos, al estar ya casi enrumbado de regreso, apunto la nariz del avión hacia la izquierda y levanto el ala para ver hacia atrás antes de llamar al Centro y comunicar mis intenciones de regresar a Hermosillo y lo que veo me deja boquiabierto. La visibilidad por debajo de la base de las nubes pareciera ser ilimitada. Continúo girando hacia el norte a la vez que desciendo a 5,000 pies. Así es, aquí abajo se ve totalmente despejada la ruta. ¡Qué va! Yo voy a seguir con el plan original, solamente que por debajo del techo. Solo tengo que seguir el ferrocarril pues a esta altitud no entra ninguna radio ayuda para orientarme. En esos días no existía la tecnología de GPS para aviones no-militares como ahora. A esto se le llama pilotaje o volar con pleno contacto con el terreno. Tiene sus ventajas, pero hay que saber manejarlas.

Ya más confiado por la decisión tomada en base a la visibilidad y orientación que me da el ferrocarril que tengo por debajo, me relajo para continuar el vuelo. A medida que penetro en el valle, noto que se va poniendo más angosto. Volando en un valle en áreas montañosas hay que saber que existe la posibilidad de tener que devolverse, y ese giro de 180° debe poder hacerse sin riesgo a impactar la falda opuesta de la montaña. Pero sé que de tener que invertir mi rumbo, lo puedo hacer con este avión pues antes de este viaje lo sometí a muchas pruebas para conocerlo y entre esas estaba hacer un giro pronunciado de 180° con máxima extensión de los *flaps* que resulta en un impresionante radio del giro debido a la baja velocidad de lo que es posible volar un Maule. Por lo tanto, no me inquieta si me toca hacerlo debido a un imprevisto. Sigo volando siguiendo el ferrocarril pero ahora noto que aunque apenas es media tarde, se está oscureciendo y es porque el cordón de montaña a mi izquierda está tapando el sol de la tarde y sumando con que tengo una cobertura sólida de nubes por encima, la luz solar escasea en el valle. También noto que si bien el altímetro lee 4,000 pies sobre el nivel del mar estoy apenas a unos 500 sobre la superficie. Sé que se debe a que la elevación del terreno en el valle ha ido incrementando al punto que se está aproximando al techo de las nubes que está a unos 5,000 pies. Bajo dos tiempos de *flaps* por si acaso me toca hacer un viraje repentino de inverso y a la vez, me pego al costado derecho de la montaña. Al rato bajo otro tiempo más de *flaps* para reducir aún más la velocidad para estar mejor preparado. Tengo abierto en la silla del pasajero un mapa aeronáutico de escala mundial (*World Aeronautical Chart*, WAC) que data de los años 60. Por instantes me pasa por la mente la posibilidad de que haya habido cambios estructurales en el terreno que no aparecen en este mapa como pueden ser puentes, torres de antena o un tendido eléctrico cruzando el valle en mi trayectoria. ¡Ñooo! Mejor no pensar en eso y prestar atención. Aplico otro tiempo de *flaps* para reducir casi a paso de tortuga la velocidad y me concentro en ver hacia abajo y adelante. Echo una mirada breve al mapa y veo que más adelante a unas cinco millas está la frontera y que hay un aeropuerto: Nogales. De inmediato decido dirigirme allá y esperar que se mejore el clima. Mejor en tierra deseando estar volando que volando y deseando estar en tierra. La frecuencia del aeropuerto aparece en el mapa y solo espero que después de casi treinta años no la hayan cambiado. Llamo a la torre de control y de una vez establezco contacto con el controlador y le informo que vengo aproximando desde el sur y mi intención es aterrizar de inmediato.

—¿Tiene el ferrocarril a la vista?

—Sí, está a unos 100 pies por debajo.

—Ah bueno, pos sígalo derechito hasta donde el ferrocarril coge para la derecha. Cuando llegue a ese punto, siga volando recto que ahí encontrará la pista 34 que está a unos 4,000 pies de altura. Reporte pista a la vista.

Me digo en voz alta: —¡4,000, si yo estoy volando a 3,700!

A los pocos minutos diviso donde la línea férrea hace un giro de 90° a la derecha hacia el este así que siguiendo las instrucciones del controlador, aplico potencia al motor para ascender pues enfrente tengo lo que parece ser una planicie pero más arriba de mi presente altitud. Al ascender los 300 pies hasta alcanzar 4,000, veo la pista 34 por delante y lo único que me toca hacer es girar el avión ligeramente a la izquierda a un rumbo de 340° para enfilarme, reducir la potencia y aterrizar, sin descender ni un solo pie. Estoy en tierra. Guío el avión hacia donde me indica la torre y apago el motor. Me quedo sentado por un rato asimilando todo lo recién acontecido. Y yo que pensé que había agotado mi reserva de sobresaltos.

Al avión se acercó una persona con apariencia de autoridad y se me presentó como el Comandante del Aeropuerto. En México, todos los aeropuertos controlados tienen nombrado a un comandante que funge como administrador y por lo general es piloto.

—Soy el Comandante del aeropuerto. Pase por mi despacho para explicar su aparición inesperada a este aeropuerto.

—Bueno, Comandante, para mí también ha sido inesperada ya que mi destino original era Tucson, Arizona, y que ahora por el mal tiempo me encuentro buscando refugio.

—Vea, Capitán, yo entiendo la urgencia suya en aterrizar aquí, pero se las va a tener que ver con los de migración y ellos no entienden de estas cosas. Le recomiendo que se ponga listo pues lo van a querer desplumar.

Con esa bienvenida ya me suponía lo que me esperaba. Oficiales intransigentes con autoridad y poder pero ni pizca de sentido común.

—Gracias por el aviso, yo le sigo —le dije bajándome del avión.

El jefe de inmigración, un hombre sumamente obeso con un bigotón tipo Pancho Villa vestido con un apretado uniforme kaki estaba sentado detrás de un escritorio de madera tallada con el emblema del escudo mexicano: Una gran águila con sus alas abiertas.

—Déme su pasaporte y siéntese —me dice sin ceremonias protocolares mientras extiende su mano para recibir los documentos.

—¿Qué hace un panameño en estos lares mexicanos volando un avión sin permiso de entrada al país?

—Vea, oficial, el asunto es que yo salí esta mañana de...

—Salió pero ahora está entrando a México y si ya salió no puede volver a usar la misma visa de entrada pues usted ya salió.

—Sí, pero vea, es que...

—Pero nada. El avión se queda aquí hasta que usted no consiga una visa de entrada a territorio mexicano y me la trae aquí y entonces puede salir del país.

—¿Y dónde voy a conseguir un permiso aquí en Nogales?

—Pos no, va a tener que ir a Ciudad Juárez y de ahí cruza a El Paso donde hay consulado mexicano para que le den una visa actualizada.

—¿Ciudad Juárez? Eso está a más de quinientas millas de aquí. Además yo como panameño no necesito visa para entrar a México.

—Tiene razón, pero su avión si necesita permiso de sobrevuelo, así que igual quedamos.

— Debe haber una manera de arreglar esto.

—Pos sí. Todo lo podemos arreglar con una feria —Me continua diciendo al mismo tiempo que se frota los dedos de la mano—. Billete, dólares, *money*.

—Vea señor, lo que pasa es que yo no cargo ni un solo peso encima. Déjeme ir a sacar dinero al cajero automático que está afuera.

Y sin dilatar un solo segundo, y hasta el día de hoy no sé de dónde me salió esa movida, me levanté y le arrebaté mi pasaporte que tenía en sus manos y salí acelerado de la oficina donde me encuentro al Comandante del Aeropuerto que debe haber estado afuera escuchando, y me dice: —Siga, siga. Váyase que si no se lo lleva la chingada.

Al salir corriendo por la puerta principal con mi pasaporte en mano, oigo que el pesado escritorio del oficial de inmigración zurra por el suelo, y oigo donde pega un grito: —¡Deténgase!

Que deténgase ni qué diablos, salí a la rampa donde estaba el Maule, me monté y le di llave al arrancador. ¡Ruuuun! Arrancó el motor.

—¡Micho verraco, carajo! —creo haber exclamado a todo pulmón por mis adentros.

Al estar rodando para situarme sobre media pista para despegar desde ahí, vi donde una persona vestida de kaki gesticulaba con sus manos y gritaba algo que no pude oír, pero ni me importó. Ya había acelerado el motor y en unos pocos pies estaba en el aire. Me había liberado de Pancho Villa moderno.

Capítulo 32
El cumplido

Una vez en el aire le contesto el llamado que me estaba haciendo la torre de Nogales y le explico la situación. Le solicito me pase un plan de vuelo para Nogales, Arizona, y me contesta que como no había sometido un plan de vuelo por escrito con ellos, no podía hacer nada por mí, que contactara a Tucson y me dio la frecuencia: —Buenas noche y le deseo suerte, mi comandante.

Llamo a Tucson donde me informan que mi ventana de entrada al espacio aéreo estadounidense se había expirado y por más que trato de explicar mi situación imprevista, la única solución que me dan es que solicite nuevamente por radio la entrada a la zona de información militar designada (*Designated Military Information Zone*, DMIZ) y que después de dos horas de la aprobación, podría penetrar el espacio aéreo de EUA. Eso está bien conmigo, pues estoy sobrevolando el aeropuerto de Nogales, México, a unos 1,000 pies y desde ahí veo donde queda el aeropuerto de Nogales, Arizona, y como todavía me quedan cuatro horas de combustible abordo, llegaría a aterrizar con un mínimo de dos horas de reserva. Me alivia el haber llenado los tanques al máximo en Hermosillo. Y como decía el capitán Celso Gallimore de Rapsa: "La gasolina no pesa, amigo". Pero más que todo me siento aliviado que el motor arrancó de una vez, con fuerza, después del vuelo de más de tres horas que había tomado desde Hermosillo. O sea, el regulador hizo su trabajo cargando la batería.

Me quedo volando en círculos dentro del espacio aéreo mexicano respirando profundo después de semejante experiencia vivida. Me trae a la memoria el caso similar en 1982 con migración en Matamoros, excepto que aquella vez el oficial nos colaboró en todo sentido. Puede ser que al estar acompañado de la familia prevaleció empatía por parte de los oficiales, no como ahora que viajando solo no derivo consideración alguna.

Ya son pasadas las ocho de la noche y se empieza a poner el sol en el oeste. Al oscurecer, distingo claramente las luminarias de las dos comunidades del mismo nombre pero separadas por historia, cultura y por una línea imaginaria que determina la frontera política entre Nogales, México y Nogales, EUA. Al norte empiezan a verse relámpagos cada vez más frecuentes. No importa, en treinta minutos se cumplen las dos horas y podré entrar al espacio aéreo estadounidense y aterrizar. El aeropuerto no tiene torre pero si tiene luces de pista que se prenden al activar el micrófono del radio transmisor del avión. Cada vez veo los relámpagos más cerca de mi destino y empiezo a preocuparme pues no estoy familiarizado con el comportamiento de las tormentas a estas latitudes. En el trópico generalmente son de corta duración, pero aquí no sé, y tampoco es que puedo arriesgarme a cruzar la DMIZ antes de tiempo. Sé que me tienen bajo contacto radar y hacerlo sería exponerme a quien sabe qué por parte de las autoridades del país norteño. Al fin, las dos horas han transcurrido y contacto a Tucson para la autorización que me dan de inmediato. Desciendo directamente a la pista sin hacer un patrón pues ya tengo a la tormenta a escasa distancia de la cabecera opuesta de la pista y no puedo dilatar el aterrizaje. Pulso el botón del transmisor cinco veces y se prenden las luces iluminando la pista por delante. ¡Vamos pa' allá!

Aterrizo y me estaciono enfrente de una estructura pequeña que supongo es la terminal y apenas apago el motor se deja caer un diluvio que me deja sorprendido por su intensidad. A cabo de veinte minutos, la lluvia empieza a disminuir y veo que en la terminal hay luces y se ve una persona parada viendo desde la ventana hacia fuera. Ya cuando la lluvia se convierte en llovizna, sale la persona cubierta con un capote y una gorra negra y una linterna de esas largas y se dirige al avión. Se para al lado de la puerta que yo ya tengo abierta, me alumbra la cara, de ahí la matricula del avión y de ahí pasa a la bandera panameña en la cola.

—¿*Hotel Papa*? —dice refiriéndose a las letras de las matriculas aéreas panameñas, H y P y pregunta asombrado— ¿*Is this plane from Panama*?

Yo medio cohibido por haber aterrizado de esta manera sin anunciar, en plena noche con un avión pintado todo de negro respondo: —*Yes. Panamá*.

En su gorra le veo las siglas del Departamento de Inmigración y Aduanas de los EUA (*United States Immigration and Customs Enforcement*, USICE).

El oficial se me queda viendo detenidamente y me pregunta: —¿*Do you know Pancho Suárez*?

Yo conocía un Pancho Suárez que era un mecánico tejano-americano que estuvo destacado en la Base Aérea de Albrook y que se había quedado trabajando con Copa en Panamá y era conocido en el ámbito aeronáutico panameño. Así que le contesto positivamente: —*Yes, I know Pancho Suárez*.

—¿*How about Chino Chong*? —vuelve y me pregunta como si estuviera haciéndome una prueba de polígrafo.

¡Miérda! A ese ni en su casa, pero me las tengo que rifar.

—*Yes* —le contesto—, *I know Chino Chong.*

—*¡Well, hell! Come on in out of the rain* —exclama de manera elocuente.

Mientras lo sigo a la terminal, algo tranquilizado, porque al parecer le guarda afección tanto Pancho como al mentado Chino. Ojalá así sea, no que se vaya a empecinar contra mí. Sería el colmo.

Al guarecernos dentro del edificio, me comenta que estuvo estacionado en Albrook con Pancho Suárez y Chino Chong trabajando en la Escuela de la Américas y que Chino fue testigo cuando se casó con su esposa en La Chorrera.

¡Qué alivio! Ahora falta que esté bien con su esposa la chorrerana. Pero ahí no me meto.

Una vez adentro nos dirigimos a su escritorio donde busca la matrícula del Maule en una computadora y me informa que no la tiene registrada como autorizada para entrar a los EUA. ¡Ahora sí, ni más faltaba! Yo sé que las multas por esta infracción son en los miles de dólares por lo que le pido que llame a Tucson, que Pat me había asegurado tramitaría mi plan de vuelo directamente con ellos por si acaso en Hermosillo no lo lograrían pasar. Así fue. Ahí estaban los dos planes de vuelo para Tucson. Ya con eso todo se normalizó. Pero desde Tucson me piden que pase al día siguiente por las oficinas de la FAA a explicar el motivo de mi errática entrada a los EUA por Nogales.

El oficial me ayuda a amarrar el avión y se ofrece llevarme a un motel para pasar la noche a la vez que me invita para al día siguiente a su casa para conocer a su esposa, invitación que tengo que declinar pues estoy empeñado en salir temprano para Tucson y retomar mi ya extendido viaje pues me faltan todavía unas siete horas de vuelo.

De Tucson a Luisiana el viaje se interrumpió en

Amarillo, Texas donde tuve que pasar la noche por mal tiempo en ruta. Era la primera noche en muchas que logré descansar de verdad.

Debo señalar con suma satisfacción que ni la bomba de combustible ni el arranque del Maule volvieron a molestar en el resto del viaje. Un reconocimiento a los técnicos mexicanos el Güero y el Micho.

Arriba: Fotografía tomada en el Museo de Pancho Villa en Chihuahua, México, donde aparece el bisabuelo del Güero Aguirre a la derecha de Pancho Villa (centro).

Arriba: Celebración del comienzo del ensamble del Maule M-5. En frente: Tato Cuervo, Cholo Castro, Humberto Chavarría y Cheo Martínez. Atrás: Boris Araúz, Betito Chavarría, Ibu, Nicolás Viloria y Camilo Rodríguez.

Abajo: Alfred Chase e Ibu, los socios, con el Maule M-5 restaurado.

Arriba: Celebración después del primer vuelo. En frente: Kenny Wilson, Alfred Chase, Ibu y un aficionado colado. Atrás: Tato Cuervo, Rodolfo Causadías, Edgardo Murillo y Betito Chavarría.

Abajo: El Maule M-5 en preparación para el primer vuelo de prueba después de siete años de restauración. Taller Tato, Paitilla, Panamá, 1989.

Arriba: El Maule M-5 después de un exitoso vuelo de prueba.

Abajo: El Maule M-5 atrae curiosos en vuelo probatorio a Boca de Cupe, Darién, Panamá.

Arriba: Ibu, Ramón Gavilán y Pillo Alvarado durante parada técnica. Aeropuerto Enrique Malek, David, Chiriquí, Panamá.

Arriba: Preparando el Maule M-5 para el vuelo a Tapachula, México. Aeropuerto de Pavas, Costa Rica.

Abajo: Teo después de un vuelo agotador de seis horas de Pavas a Tapachula con escala en San Salvador, El Salvador.

Arriba: Andrea lista para abordar el Maule M-5 en Puerto Escondido con destino a Puerto Vallarta, México.

Parte 7
Aero Perlas

33 Otro escalón
34 Cuatro barras
35 Rutina agotadora

Capítulo 33
Otro escalón

Debido a su rápido crecimiento a mediados de los años 90, Copa había empezado a reclutar pilotos para tripular los Boeing 737. Para poder cumplir con la necesidad de pilotos, había relajado los requisitos en cuanto a horas mínimas de vuelo, pero aun así, requería pilotos con horas voladas en aviones de turbina. Aero Perlas era su mayor fuente, pues operaba aviones turbohélice.

Preparándose para esa interminable fuga de pilotos que emigraban para volar jets en Copa, Aero Perlas ofrecería un curso de tierra para el De Havilland DHC-6 (Twin Otter), un bimotor turbina de fabricación canadiense. Los requisitos era tener licencia comercial, con habilitaciones multimotor e instrumentos. Yo acababa de obtener mi certificación para volar aviones multimotor así que cumplía con los tres requisitos. Entusiasmé a Robert Katz, amigo y entusiasta de la aviación, y nos inscribimos para aprovechar esa oportunidad. El curso era de lunes a viernes de seis de la tarde a diez de la noche por seis semanas. De los aproximadamente sesenta candidatos, la mayoría o eran recién graduados de escuelas de aviación o pilotos veteranos paitilleros como Victor Yard, con decenas de cientos de horas. En pocas palabras, la competencia sería férrea. El instructor era Sergio Ortiz que volaba como capitán de los Shorts 3-60 de Aero Perlas. La intensidad y complejidad de ese curso fue tal, que después de finalizarlo, jamás tuve problemas en cuanto a cursos teóricos de otras aeronaves. La teoría que se nos impartió en cuanto a los sistemas hidráulicos, eléctricos, mecánicos, de combustible y la operación de los motores de turbina y hélices nos obligó a Robert y a mi estudiar de manera organizada, pues ambos teníamos obligaciones profesionales ajenas a la aviación. No recuerdo haber estudiado materia alguna con tanto ahínco como ese curso inicial de Twin Otter. Al final, Robert y yo quedamos entre los primeros, después de Omar Bonilla, Rodolfo Rufo Veruette y Gabriel Him. Se conocía que había diez vacantes para copiloto de los Twin Otter pero no fueron necesariamente los diez primeros los seleccionados. Al no verme entre los escogidos busqué a Porgy Novey, el gerente general y accionista mayor de Aero Perlas, y le expuse mi caso. Logré convencerlo de la ventaja para la empresa de tener a un copiloto calificado para llenar los vacíos creados por falta de tripulantes. Sabía que debido a la constantes renuncias la empresa estaba teniendo que solicitarle a la DAC extensión de horas límites de sus pilotos para poder cumplir con itinerarios. Le hice ver que mi disponibilidad sería un aliciente para Aero Perlas. Me aceptó la propuesta condicionada que el entrenamiento en el avión lo repondría con horas voladas. El arreglo sería que una vez habilitado en el avión, volaría cuarenta y cinco horas mensuales de las noventa permitidas por Aeronáutica Civil. Me aboqué de lleno al entrenamiento de doce horas que me dio el capitán Raúl Domínguez, quién había sido uno de mis instructores al iniciar formalmente mi carrera de piloto en "la Escuelita" en Paitilla, y a la semana hice mi *chequeo* con el capitán Carlos López, también de Aero Perlas. Estaba listo para empezar a volar de copiloto en un bimotor de turbina.

Yo contaba con más edad que la mayoría de los capitanes con quien me tocaba volar, pero eso no me inmutaba. Contaba con más de 2,500 horas voladas donde más del 95% eran de piloto al mando, pero ese dato me lo guardaba con humildad. Me dediqué de lleno a asimilar el conocimiento y las técnicas, y reconozco que Aero Perlas fue una gran escuela de principio a fin. Teniendo tantas horas volando al mando, se me hizo difícil al principio adaptarme a formar parte de una tripulación, pero el entrenamiento en el manejo de los recursos de tripulantes de cabina (*Crew Resource Management*, CRM) me encaminó rápidamente. En los Twin Otter, se volaba con mucha maña por las condiciones donde se operaba: San Blas y Darién. Para mí, esa operación era de mi total deleite y debo decir que al tiempo, cuando se me trasladó a volar de copiloto de los Shorts, sentí que dejaba atrás el tipo de vuelo que realmente era hecho para mí. Pero a la vez, sabía que el camino tradicional era que volvería a los Twin Otter, pero para entrenamiento a capitán. En los Shorts, las rutas eran establecidas y los vuelos más reglamentados pues era un avión clasificado como de transporte, más de 12,500 libras de peso y donde se requería otro tipo de procedimientos apegados al manual de vuelo del fabricante. El Shorts tenía capacidad para treinta y seis pasajeros y todos los vuelos se operaban bajo las reglas de instrumentos. La empresa había ya iniciado vuelos a San José, Costa Rica, tres veces por semana con el Shorts y eso permitió una variante a las rutas nacionales que consistían de Panamá, David, Bocas, Changuinola y Colón. En un punto llegué a estar volando hasta sesenta horas por mes, a la vez que tenía que cumplir con mi trabajo en el Canal. Volaba después de salir del trabajo, los fines de semana y días feriados y durante mis vacaciones, no de Aero Perlas, sino del Canal. Frecuentemente llegaba a casa a las ocho de la noche después de un largo día de oficina y de estar volando. En esos días la carretera transístmica estaba en pésimas condiciones por lo que la demanda de ejecutivos de la Zona Libre de Colón de trasladarse vía aérea era alta, y los últimos vuelos del día me tocaban a mí.

Pero no me quejaba. Estaba en lo que me gustaba y adquiriendo experiencia en cada vuelo. Ahí fue donde comprendí que todo vuelo es un aprendizaje. Me tocó formarme con personas dispuestas a compartir sus experiencias como lo fueron los capitanes Milciades Jaén, Alfredo Williams, Víctor Yard y Jaime Martínez, entre algunos otros. Aunque cada uno tenía su librito de cómo hacer las cosas, de ellos adquirí prácticas que llegaron a formar parte de mi rutina de vuelo cuando me ascendieron a capitán. Las personalidades y sus métodos variaban pero lo que sí tenían en común era su desinterés compartiendo sus conocimientos. Yo lo aproveché.

Capítulo 34
Cuatro barras

Asistiendo a la fiesta navideña de colaboradores de Aero Perlas se me acercó Porgy Novey y me preguntó cómo me sentía en el Shorts.
—Cómodo —conteste sin titubear.

Por ahí mismo llamó al capitán Suira, que era el encargado de entrenamiento técnico de la empresa, y le informó que a partir del 1ero de enero, iba a comenzar el entrenamiento para capitán, pero no del Twin Otter sino del Shorts. ¡Miércoles! Me agarró fuera de base. Si bien me sentí honrado, a la vez algo desilusionado pues yo esperaba que la capitanía fuera para el Twin Otter. Pero bueno, lograr las cuatro barras de la capitanía es un anhelo de todo copiloto. ¿Cómo no voy a aceptar? Mi entrenamiento de doce horas de vuelo para la capitanía del Shorts empezó el primero de enero de 2000 en Albrook bajo la tutela del capitán Ezequiel Suira, un recto y dedicado instructor. El *chequeo* me tocó a los quince días con el entonces Jefe de Operaciones, el capitán Ismael Chacho de la Rosa.

Es usual que a un capitán nuevo lo pongan a volar unas cien horas con otro capitán experimentado como copiloto para que la transición al mando sea más fluida, (*Initial Operating Experience*, IOE) pero en el caso mío, se determinó que las horas que tenía volando como piloto al mando en mi Cessnita 140 de 90 caballos me eximía de las cien horas con otro capitán en el asiento derecho. Hmm, aún hoy no estoy del todo convencido, pero así fue. Mi primer vuelo como capitán fue a los cuatro días del *chequeo* nada menos que a Changuinola, una pista algo precaria para el Shorts, que dicho sea de paso, no es para nada un avión STOL, por más que el nombre lo implique, y se requería especial cuidado al punto que el peso para operar en esa pista era restringido para asegurar poder detenerse en la distancia disponible en un aterrizaje, y en el caso de un despegue fallido, detenerse en la distancia restante de la pista. Es costumbre asignarle a un capitán nuevo un copiloto versado, para que lo acompañe. Me mandaron con Johnny Wilson que era considerado *ranqueado*, y que para rematar era vecino del barrio San Francisco y compañero de mi hijo Teo. Nos fue bien. Me sentía a gusto. Al mando de un avión de transporte me ponía en una perspectiva totalmente diferente. Había ascendido otro escalón.

Más nunca regresé a volar el Twin Otter, pero los tres años que volé como capitán de los Shorts, los considero como donde más aprendí de la técnica de volar aviones. El cincuenta por ciento de los vuelos eran en condiciones de instrumentos (*Instrument Meteorological Conditions*, IMC) ya que el Shorts, avión no presurizado y con un techo operacional[34-A] de 10,000 pies no tenía capacidad para volar por encima del mal tiempo, lo que obligaba en la mayoría de los casos tener que "comerse el *weder*". Los Shorts, igual que los Twin Otters, estaban equipados con un radar meteorológico y un GPS básico. Las aproximaciones por ILS, VOR o ADF se llevaban a cabo manualmente pues no se contaba con piloto automático. Esa tecnología o falta de ella, requería que los pilotos se mantuvieran diestros en este tipo de operación, además de que ayudaba a crear confianza. Por ejemplo, operar en el aeropuerto El Coco de San José, Costa Rica de noche, en condiciones de lluvia o neblina espesa, y con el techo al mínimo era intensamente estresante y fue cuando empecé a notar rasgos de gris en mi cabellera. Esas eran las condiciones que usualmente se encontraban cuando tocaba ir en las tardes durante los meses de lluvia. Varias veces estando en circuito de espera para la autorización de iniciar la aproximación oyendo a los pilotos de Taca, Lacsa, y otras aerolíneas con años de experiencia operando en San José, y ni que se diga con toda la última tecnología a bordo ayudándolos, y aun así teniendo que irse al aire en una aproximación frustrada, me preguntaba ¿Qué carajo hago yo aquí? Y de repente oía: —Aero Perlas 421, autorizado aproximación ILS pista 06. Reporte fijo inicial. Visibilidad milla y media, techo 200 pies. Le advierto capitán que Taca se fue al aire sin tener pista a la vista.

¿Qué coño hago yo aquí? Vuelvo y pienso, pero de manera más vehemente. Pero, como es sabido, la experiencia tiene su costo, y en Aero Perlas en esos vuelos a San José durante los meses de lluvia, fue donde la adquirí. Sí, fue costosa, pero fue una ganga si se mide lo obtenido: Experiencia de primera mano.

Pero en esa ruta también hubo situaciones de gratos recuerdos, como la vez que de pasajeros de San José a David venían mi hermano Neo y cuñada Chrys sin saber que yo volaba con Aero Perlas. Ya en pleno vuelo dejé mi asiento y pasé a la cabina de pasajeros a saludarlos. ¡Qué sorpresa se llevaron! Al invitar a mi hermano a la cabina de mando, un pasajero que nos vio entrar le pregunta de manera de queja a mi cuñada: "¿Y eso, por qué a tu esposo le permiten entrar a la cabina de mando"? "Porque mi esposo es el hermano del capitán", respondió mi cuñada. En esos días no se había implementado la regla de no permitir personas ajenas al vuelo a la cabina de pilotos.

Al Aero Perlas anexarse a Taca se dieron varios cambios tanto operacionales como de rutas. A las tripulaciones de los Shorts nos mandaban cada 6 meses a un refresco en simulador en Nueva York, y se empezó a requerir total apego a un manual de operaciones recién implementado; y los vuelos a San José, se extendieron hasta Managua, Nicaragua. El vuelo se iniciaba en David a las cinco de la tarde hacia San José para coincidir con un vuelo de Taca que llegaba a las siete de la noche de Los Ángeles, California, y de ahí salía para Managua para regresar a las diez de la noche – las once, hora panameña – a San José y pernoctar. Los pasajeros del Airbus de Taca eran trasladados por bus a donde esperaban los Shorts de Aero Perlas y la sorpresa al ver La Cajeta, como llegaron a llamar al Shorts por su figura cuadrada, no se hacía esperar. "Bajarse de un jet para montarse en una cajeta con hélices, no me jodás", se les escuchaba quejarse.

Las auxiliares de esas rutas eran las que tenían que lidiar con los molestos pasajeros, pero todo eso se acababa tan pronto alcanzábamos los 10,000 pies. Solamente los pilotos contaban con máscaras de oxígeno para la duración del vuelo que era de una hora. A los 10,000 pies de noche, ya empieza a escasear el oxígeno, y al pasar por esa altitud, los pasajeros quedaban dormidos por el resto del vuelo. La ruta de San José a Managua era por la aerovía Ambar 502 y la altitud mínima era 11,000 pies, por lo que nos tocaba volar a 12,000 pies de ida y eso era tarea difícil para el Shorts. Alcanzaba, pero a duras penas y ajustado. El ascenso era lento y tomaba su tiempo, así que cuando alcanzábamos esa altitud, ya estábamos a cincuenta millas de Managua y nos mandaban a descender, lo que hacía que solamente por momentos breves operábamos a más de 10,000 pies.

En uno de esos vuelos a Managua, con el avión repleto de misioneros estadounidenses, salimos retrasados de San José después de estar casi una hora en la cabecera de la pista esperando visibilidad mínima de despegue. Al estar a cincuenta millas del VOR de Managua se veían las luces de la ciudad y el faro del aeropuerto Sandino. La noche estaba intensamente oscura. Ya a unas diez millas se empezaron a ver los relámpagos en el área del aeropuerto. Cruzamos encima del VOR e iniciamos el viraje de procedimiento para capturar el ILS y ya establecidos en la senda, entramos en lo que después supimos fue una serie de ráfagas verticales conocidos como *wind shear* que pusieron al Shorts a subir y bajar bruscamente, variando la velocidad y hamaqueándose de lado a lado con inclinaciones de ala de hasta de 45°. En ese momento perdimos todo contacto con las luces de la pista debido a la intensa lluvia. Mientras con la mano izquierda sujetando la cabrilla manipulaba los alerones para controlar la inclinación pronunciada de las alas, con la mano derecha ajustaba la potencia constantemente para contrarrestar los violentos ascensos y descensos, con los pies en los pedales de timón tratando de mantener la dirección de la nave, se logró mantener el avión en la trayectoria de la pista.

Ya a segundos de llegar al punto de decisión, que es cuando se decide si seguir con la aproximación o irse nuevamente al aire, el copiloto me anunció que veía las luces de la cabecera de la pista y continué descendiendo y aterrizamos. Apenas tocaron las llantas, se vio cuando un rayo le pegó el edificio de la terminal y se apagaron las luces de la pista, la terminal y todo el área alrededor. Sin poder guiarnos hacia la rampa de estacionamiento por falta de señalización y visibilidad, tuvimos que detenernos en media pista esperando que pasara la tormenta. Al rato llegó un carro con luces intermitentes con el propósito de guiarnos pero al ver que tampoco el chofer tenía idea por donde era la pista de rodaje ya que estaba toda anegada, desistí seguirlo y apagamos los motores. Al salir de la cabina a informar a los pasajeros de lo ocurrido, estos irrumpieron con aplausos y seguidamente entonaron un himno de alabanza por haber salido librados de esta peripecia. Momentos después cuando se restableció la corriente eléctrica volvimos a prender los motores y llevamos el avión a la rampa de estacionamiento enfrente de la terminal. Al abrir la puerta de salida y bajar los pasajeros a la rampa, se encontraron que el agua sobrepasaba sus tobillos. Así es como finalizó para los pasajeros ese vuelo; encharcados. Gustavo Cunningham, mi copiloto, que mantuvo su compostura durante esa experiencia, fue gran ayuda en no permitir que el avión se nos saliera de las manos en ese momento crítico. Todavía hoy cuando nos encontramos, por norma nos recordamos de esa odisea.

Pero lo peor era que el vuelo no terminaba ahí; faltaba la pierna de regreso a San José donde deberíamos salir a las diez de la noche. En ruta se reportaban buenas condiciones climatológicas y al acercarnos al Coco se vislumbraban las luces de identificación de la cabecera de la pista (*Runway End Identification Lights*, REIL). Pero a última hora el aeropuerto se cerró debido a una espesa capa de neblina desde el suelo hasta los 1,000 pies. Cero visibilidad y cero techo. El Centro nos dio la opción de establecernos en un circuito de espera o irnos al aeropuerto alterno en Liberia. Opté por la segunda una vez me enteré de que el viento estaba calmo pues sabía que sin viento reportado, esa neblina tardaría horas en disiparse. Cuando llegamos a Liberia no había lugar para estacionarnos debido a la cantidad de aviones que habían optado por lo mismo. Nos mandaron a un llano al final de la pista y no fue hasta dos horas después que logramos autorización para continuar a San José. La aproximación y aterrizaje fueron de rutina, condiciones visuales extremas, y cuando al fin llegamos al hotel me pregunté, aunque con mucha más calma esta vez. ¿Qué hago yo aquí? La respuesta la conocía.

Capítulo 35
Rutina agotadora

Volar de manera segura requiere de un temperamento y análisis claro y oportuno. En ocasiones se presentan situaciones donde no existe una opción ideal. Por más que la preparación prevuelo y la planificación en ruta hayan sido meticulosas, uno se puede encontrar en una situación que no se consideró y donde las opciones a mano tienen riesgo. Ahí la responsabilidad en determinar la mejor de estas opciones y ejecutar el plan. Sin vacilación.

Varias veces después de esa experiencia en Managua me pregunté: ¿Por qué no abandoné la aproximación al entrar en ese temporal tan fuerte? De haberlo hecho, ¿no nos hubiese ido mejor? Tal vez, pero reviviendo las circunstancias de esa noche puedo concluir que fue por el poco control que teníamos del avión, y que de haber intentado cambiar repentinamente la configuración establecida, *flaps* extendidos, tren abajo y velocidad de aproximación, nos hubiese causado mayores problemas. Fue una decisión momentánea sí, pero en la aviación se debe conocer a fondo sus limitaciones así como las de la aeronave a la vez que se procesa información provenientes de influencias externas como en este caso fue el clima imperante. En una situación crítica como esa no hay tiempo para analizar factores de manera ponderada antes de tomar una decisión. El tiempo para tomar decisiones se cuenta en segundos.

En el 2000, al tomar Panamá la administración del Canal de Panamá los empleados de cargo gerencial que continuarían en el Canal panameño ya habían sido seleccionados e invitados a formar parte de la nueva administración. Yo fui uno de ellos, y para rematar, se me ascendió a gerente de una división nueva en el Canal, la División de Ambiente. Ahí sí se me complicó la cosa pues eso significó además de mayores y nuevas responsabilidades, un horario que requería no ocho sino hasta de doce horas seguidas de desempeño. Al principio tuve que dejar de hacer los vuelos de la tarde a Colón durante la semana debido a esta nueva cultura de trabajo. Volaba solamente los fines de semana y días feriados, y eso no todos pues dependía de mis obligaciones en el Canal los fines de semana. Anuente de que al aceptar formar parte del nuevo equipo del Canal que mi compromiso sería por tres años mínimo, me encontré en una encrucijada por tercera vez. Cumplir con ambos el Canal y Aero Perlas y con mi vida personal requeriría de estricta coordinación y planificación. A decir verdad no sé cómo logré organizarme para mantener semejante responsabilidad, pero lo hice. Me mantuve por dos años, hasta que se derramó el vaso.

Un domingo que me tocaba la ruta: Panamá – Bocas – Changuinola – Bocas – Panamá en la mañana y después en la tarde nuevamente lo mismo, me acuerdo que al aterrizar en Changuinola por segunda vez esa día, me quedé sentado en el asiento del Shorts sin bajarme mientras cargaban y abastecían de combustible el avión. Se me acercó por debajo de la ventanilla de la cabina *Likki Man*, mecánico de Atopan y conocido desde mi infancia, y me preguntó: —*Ey Ibu, ¿you not gwain get down? ¿Whappin'?*

Eso me sonó raro, pues yo siempre me bajaba para intercambiar saludos con la gente, especialmente en Changuinola, donde empezó todo. Pero me sentía cansado y sin ánimos.

—No, qué va, *buay. Not today. I is taiard, man...*

Una vez revisado y firmado el plan de vuelo y habérselo devuelto al Jefe de Estación, empiezo a darle el *briefing* al copiloto, como es costumbre en aviones tipo transporte antes del despegue, y consiste en repasar en voz alta que acciones debe tomar cada uno de los pilotos si se suscita una emergencia antes, durante o después de la velocidad de decisión, V1. Esto lo hace el piloto que va a hacer el despegue.

En medio *briefing* me interrumpe el copiloto: —Capitán, ¿Usted va a volar esta pierna?

—Sí, ¿por qué?

—Es que usted voló la pierna de Panamá a Bocas y también la de Bocas a Changuinola.

—¿Yo aterricé aquí en Changuinola?

—Sí. Usted lo trajo a Changuinola. ¿No me toca a mí esta pierna?

No tenía memoria de haber aterrizado. Changuinola en este avión no era una pista para tomar a la ligera sino con precisión y concentración. De una vez asentí y le dije al copiloto que sí, que llevara él el avión. Al llegar a Bocas también le di la pierna a Panamá y durante todo el vuelo de regreso a Panamá me hice un examen de conciencia sobre lo que había sucedido. El haber hecho el aterrizaje y no estar consciente de ello, significaba que lo había hecho de memoria, sin concentración. ¡Miércoles! Eso sí es grave. Ahí mismo supe lo que tenía que hacer para no permitir que eso volviera a pasar poniendo en riesgo a los pasajeros, tripulantes y al avión. ¡Dejar de volar! Ese fue mi último vuelo en Aero Perlas. Al día siguiente, entregué mi carta de renuncia a la gerencia. A mi cuerpo y a mi mente le tomó más de dos meses romper con el régimen al que los había sometido en los últimos seis años. Por más que me seducía el volar, esa fue una necesaria y determinante decisión. Estaba física y mentalmente agotado.

Izquierda arriba: Ibu después de su primer vuelo como copiloto de Twin Otter de Aero Perlas, uniformado a la fuerza.

Izquierda abajo: Ibu al mando del Shorts 3-60 en ruta a Managua, Nicaragua.

Abajo 1: El Shorts 3-60 despegando en David, Chiriquí, Panamá.

Abajo 2: Ibu, Denise Vergara, Raúl Arosemena y Anastas Arcia. Tripulaciones de Aero Perlas. Paitilla, Panamá.

Arriba: Ibu con el capitán Ismael Chacho de la Rosa después de pasar su *chequeo* para capitán de Shorts 3-60. Albrook, Panamá.

Derecha: Ibu en simulador del Shorts 3-60. Aeropuerto LaGuardia, Nueva York, EUA.

Arriba 1: Gabriel Him, Roberto Vallarino e Ibu. Twin Otter DHC-6 en Paitilla, Panamá.

Arriba 2: Ibu, Orlando Miller, beisbolista bocatoreño, Julissa Brocham y Anastas Arcia. Paitilla, Panamá.

Abajo: Ibu en su primer día como capitán del Shorts 3-60. Changuinola, Panamá.

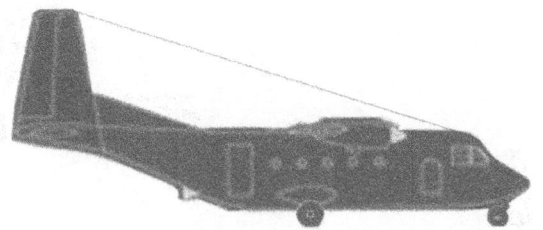

Parte 8
Evergreen International Airlines

36 Reclutamiento y entrenamiento
37 Instancias diversas
38 Capitanía
39 Picardía mexicana
40 Misión rechazada
41 Clausura de una etapa

Capítulo 36
Reclutamiento y entrenamiento

Después de renunciar de Aero Perlas, me tomó mucho esfuerzo reprogramar mi vida nuevamente. Estaba únicamente dedicado a mis responsabilidades en el Canal y en mi tiempo libre volando mi Cessna 140.

Inesperadamente una tarde recibí una llamada de las oficinas de Air Panamá Regional, una compañía de carga y pasajeros recién formada por los antiguos accionistas de Aero Perlas. Era el capitán Raúl Domínguez, quien fungía como Jefe de Operaciones. Me informó que estarían trayendo unos aviones Fokker F-27 para volar en rutas nacionales e internacionales y que estaban buscando capitanes para tripularlos. La invitación era para asistir al curso de tierra del avión. Con esa zanahoria provocándome, aceleré mi salida del Canal pues ya había cumplido con mi compromiso de quedarme tres años adicionales después de la reversión; la División bajo mi responsabilidad había culminado la etapa preliminar que consistía de la entrega de los estudios socio-ambientales para la propuesta de la ampliación del Canal; y simplemente ya yo quería incursionar a tiempo completo en algo que me apasionaba. Volar.

Me entusiasmé, renuncié del Canal y me inscribí en el curso. Entre el grupo habían pilotos de los Twin Otters e Islanders de Air Panamá Regional. Entre los cinco escogidos para entrenamiento de capitán en el F-27, estaba yo. A los pocos días antes de que me tocara el entrenamiento de vuelo en el avión por parte de unos instructores argentinos, un amigo me dejó saber de manera confidencial que existía cierto malestar entre los pilotos de la empresa que no fueron escogidos para el entrenamiento de capitanía por la traída de pilotos de afuera para *chequearse* como capitán. Yo era el único de afuera. Medité esa situación con detenimiento. Comprendía plenamente el sentir de los que volaban ahí desde inicios de la empresa y no los podía culpar por sentirse ignorados. Decidí declinar la oferta. Yo no me veía conviviendo en un círculo de resentimiento entre colegas. Por más que quería volar, no valía la pena. Además, e igual de importante, ¿no sería volver a volar las mismas rutas ya conocidas, los mismos destinos, la misma rutina y el mismo ambiente solo que en otro equipo? Pues sí, y eso no era lo que precisamente quería hacer en esta etapa de mi vida.

Encontrándome sin compromiso laboral alguno, y estando en Boquete intentando acostumbrarme a iniciar el día sin tener el sin número de responsabilidades que regían mi día hasta hacía poco, a eso de las nueve de la noche, recibí una llamada de Anchorage, Alaska. La persona al otro lado de la línea se identificó como el Director de Operaciones de Evergreen Helicopters of Alaska (EHA), subsidiaria de Evergreen International Airlines (EIA). Me comunicó que estaban interesados en entrevistarme para un posible empleo como piloto. Un boleto aéreo de Panamá a Anchorage me esperaba en el mostrador de Continental Airlines. Hasta el momento de esa llamada, se me había pasado que semanas antes, por medio de Hugo Giraud de Mapiex, había conocido a Javier, encargado de operaciones aéreas de EHA en Panamá. Al Hugo decirle que yo había volado Shorts en Aero Perlas, Javier me invitó a que lo acompañara a hacerle un vuelo de prueba a uno de los cuatro Casa 212-200 que operaba EHA en Panamá. Nos fuimos a volar por espacio de una hora, incluyendo aterrizajes y despegues en la pista de Chame desde el lado izquierdo que Javier me había cedido. Después de volar el Shorts, el Casa 212 era sumamente fácil de volar. Al regresar al hangar en Albrook, Javier me dijo que me tendría en mente para un posible empleo si se diese una vacante. Le di las gracias por la oportunidad de volar el Casa y ya. Eso había sido todo. Hasta esa noche de la llamada de Anchorage.

Al final de la inesperada llamada, me puse a recapacitar y deduje que aquel vuelo semanas antes con Javier, había sido una evaluación. Azuzado por Pat a que fuera a la entrevista, salimos al día siguiente en el Cessna140 para Panamá y al siguiente estaba viajando rumbo a Alaska.

Arribé a eso de las diez de la noche, hora de Anchorage, pero era como si fuera medio día. La luz del sol entraba por las cortinas del hotel y al levantarme el día siguiente, me sentí como si no me hubiese acostado del todo. Estaba trasnochado.

Había varios candidatos en la sala de espera, todos pilotos experimentados. Por mala suerte, me tocó ser el primero entrevistado, y no tenía idea a qué atenerme. Los entrevistadores fueron el Director de Operaciones y el Vice Presidente de Operaciones, ambos pilotos de línea. De salida me informaron que la operación consistía en un contrato con el Comando Sur del Ejército de los EUA (*United States Army Southern Command*, SOUTHCOM), con base en Panamá; supervisados por el Departamento de Defensa (*Department of Defense*, DoD); monitoreados por la USAF; y finalmente regulados por la FAA al ser aviones civiles.

La zona a volar era Centroamérica, el Caribe y parte de Suramérica donde SOUTHCOM tenía presencia. Ya no se hacían vuelos ni a Venezuela, ni a Bolivia debido al distanciamiento entre los gobiernos de esos dos países y los EUA.

Al relatar mi experiencia de piloto, seguidamente se me preguntó que sueldo aspiraba de ser seleccionado. Me cogieron totalmente sin preparación. Tartamudeé un poco pero rápidamente me remonté a los salarios de Aero Perlas donde un copiloto ganaba novecientos dólares mensuales en el Twin Otter y un capitán novato del Shorts empezaba con mil ocho cientos, así que contesté:
—Dos mil dólares.

Ambos se volvieron a ver y de salida uno de ellos sacudió la cabeza y manifestó: —De ninguna manera. Le vamos a pagar cuatro mil de salario base, más viáticos, más mil quinientos de estipendio habitacional, y un quince por ciento cuando tenga vuelos peligrosos. Eso sí, a los tres meses, debe estar listo para un *chequeo* como capitán. Ahí su salario base será de siete mil dólares más lo demás.

Quedé mudo por un instante antes de acceder moviendo la cabeza.

—Sí claro, está bien, acepto, claro que sí. —Cómo no iba a aceptar, pero me quedó la duda sobre eso de los vuelos peligrosos. ¿Sería esa la razón por tan atractiva remuneración?

—¿Qué significa eso de vuelos peligrosos? —pregunté.

—Ah eso. Eso es cuando toca transportar material peligroso u operar en áreas donde se conoce de actividad subversiva...

Supe al poco tiempo, que la mayoría de los vuelos serían en Colombia en apoyo al Plan Colombia[36-A].

De los siete entrevistados nos escogieron a cuatro. Dos para Panamá, uno para las Filipinas y uno para Sudán en África. Ahora faltaba pasar las pruebas de antidoping y cumplir con un curso de inmersión (*Dunking*), otro de control de incendio a bordo de aeronaves y manejo de materiales peligrosos y un curso avanzado de aviación que se tomaba por Internet. Como la operación estaría regida bajo la Parte 135 de regulaciones de la FAA que es "vuelos chárter, de carga y sin itinerario" donde no incluían auxiliares de vuelo a bordo, también se nos impartieron cursos de primeros auxilios y reanimación cardiopulmonar.

Para el curso de inmersión nos mandaron a Lafayette, Luisiana. Aprobarlo requería una prueba donde se egresa exitosamente de una cabina de aeronave sumergida a una profundidad de 30 pies en una piscina. El amerizaje que me tocó en Narganá no me preparó para esto como inicialmente pensé. Aquello fue un paseo en comparación, pues aquí se tenía que aguantar la respiración entre 30 y 45 segundos hasta que la cabina llegara al fondo y se reposara de lado. Los candidatos que entran en pánico y no logran aguantar la respiración hasta que la cabina se detuviera en el fondo y que tienen que ser rescatados, fracasan. Sin duda este curso fue el más intenso que me ha tocado en la aviación. Definitivo no un curso para los susceptibles a la claustrofobia o ansiedad. Cómo añoraba el requisito para tripulantes de Aero Perlas en la piscina Adán Gordón: "¡Todos al agua y naden hasta la balsa y métanse en ella! Excelente. Pueden pasar a vestirse". Con mucho esfuerzo y momentos de ansiedad, califiqué. Varios fracasaron y fueron citados para otro intento al día siguiente.

Como mi licencia de piloto de transporte era panameña, me tocó irme a Atlanta, Georgia, por unos días a sacar la equivalente de la FAA (*Airline Transport*

Pilot, ATP). Ahí tuve una experiencia que casi me deja a medio camino. Ya habiendo demostrado satisfactoriamente las maniobras de emergencia en un bimotor y cumplido con las cuatro aproximaciones bajo simulación de condiciones de instrumentos el examinador me indicó que ya podíamos regresarnos a base y me pidió un aterrizaje corto, ya para concluir con el *chequeo*. No sé si me dejé llevar por el gusto o qué, pero le puse las llantas en el comienzo de la pista y al mejor estilo de los paitilleros, pare el avión en una distancia impresionante. De una vez me di cuenta que había metido la pata. El examinador, serio, no me dijo nada hasta entrar a su oficina donde me emplazó diciéndome que lo que había hecho no se definía como aterrizaje corto, sino como una temeridad a todas luces. Me hizo leer en la guías para el examen de vuelo para ATP lo que define un aterrizaje corto. Yo había tocado mucho antes de la zona designada para tocar (*Runway Touchdown Zone Markings*)[36-B] No me aprobó el *chequeo* y tuve que volar dos horas más adicionales practicando aterrizajes cortos con un instructor antes de presentarme ante él nuevamente. No sé si culpar mi formación volando en San Blas y Darién, mis aterrizajes en los Shorts en Changuinola, el no haber leído detenidamente la guía de la FAA o qué. El asunto es que tuve que quedarme un día adicional para volver a demostrar mi habilidad en aterrizajes "cortos". Esta vez según las guías.

Una vez obtenido mi licencia ATP asumí que ya había cumplido con todo lo exigido para el empleo. No sabía que todavía faltaba algo que me tocaría más de tres años de trámites: La de investigación de antecedentes (*Background Check*) conducida por el DoD. La investigación consistió en decenas de formularios solicitando información sobre mi familia, mis amigos, mis viajes, mis preferencias políticas, personales y cuanta cosa más. Lo irónico fue que al dejar EHA en 2009, todavía me seguían solicitando información relacionada.

Capítulo 37
Instancias diversas

Mi primera gira como copiloto de línea fue a Bogotá, Colombia. La mañana siguiente empezó con un desayuno en la madrugada y transporte en una camioneta blindada con vidrios oscuros del hotel hacia el Comando Aéreo de Transporte Militar (CATAM) en el aeropuerto El Dorado donde nos esperaba nuestro avión. Todo esto era algo nuevo para mí. Al bajarnos enfrente de la terminal militar y dirigirnos a presentar el plan de vuelo, oigo que un uniformado se dirige a mí: —¿*Commander*, le remolco el Herculito?

¡Meecho! ¿Y a este qué le pasa? Esa pregunta me cogió por sorpresa y no supe como tomarla. No sabía si era una broma o qué, así que me limité a seguir caminando hacia la oficina de meteorología sin contestar, no sin antes de darle una mirada de pocos amigos. Ya en pleno vuelo y después de hacer los reportes en el radio HF a la base militar de Mohan-Davis en Arizona donde se nos requería transmitir información sobre el vuelo: altitud, velocidad, rumbo, carga a bordo, tripulación, tiempo estimado en ruta, hora de arribo y condiciones atmosféricas, le pregunté a Moisés, quien era el capitán: —Oye, Moisés, ¿qué es eso de Herculito? ¿Me estaban tomando el pelo o qué?

Moisés se echó a reír y me explicó que así era como los soldados colombianos le decían al Casa y se debía a que parecían un Hércules C-130 pero con dos en vez de cuatro motores. Pues sí, había mucho de semejanza en los aviones con excepción en el tamaño y el número de motores. Los Casa eran un eslabón en la cadena de carga que empezaba con los cargueros, los Globemaster C-17 y los Galaxy C-5 de la USAF, que traían cargamentos en contenedores de metal a CATAM donde se distribuían a los Hércules de la Fuerza Aérea Colombiana para transportarla a pistas en el interior del país. Las Ballenas, los Hércules y los Herculitos.

Me hice una nota mental de que al regresar a CATAM, disculparme con el soldado que había mal interpretado. Pero más nunca lo volví a ver.

Esa noche en el hotel, sentí que aunque mi primer día había empezado y terminado mal por el asunto ese del soldado y el Herculito, había visitado sitios fuera de ruta como lo fueron dos poblados con un historial interesante que llegaría a conocer con el tiempo. El primero fue San Vicente del Caguán, centro de la zona desmilitarizada creada como refugio seguro para las FARC desde 1998 a 2002. El segundo fue La Macarena, que en 2010 captó interés mundial por supuestos ajusticiamientos de simpatizantes de las FARC por militares colombianos.

Al tercer día de estar en esta primera asignación, al retornar a Bogotá después de un vuelo a Arauca en la frontera con Venezuela, me esperaban instrucciones que debía aguardar en el aeropuerto la llegada de otro Casa que ya había salido de Panamá. Las órdenes eran dirigirse a Guayaquil para cumplir una misión al día siguiente allá y que yo intercambiaría la asignación de copiloto con el otro que venía en el avión de Panamá. Salimos de Bogotá ya entrada la tarde y llegamos a Guayaquil oscureciendo. Estacionamos en el área militar al otro lado del Aeropuerto Internacional Simón Bolívar. Como la salida al día siguiente era temprano, Chris, que era el capitán, dispuso dejar el avión abastecido de combustible. Yo, aunque cansado de estar despierto y volando desde la madrugada, comencé a preparar el avión para el abastecimiento de acuerdo con las funciones de copiloto. Cuando al fin se apareció el camión cisterna de combustible, ya había caído la noche y para colmo, el chofer del camión no trajo escalera, así que me tocó subirme encima del ala a través de la escoltilla de emergencia en la cabina de mando y tirarle una soga para poder subir la manguera. El Casa se abastecía por encima del ala. Ahora viene el asunto. Para poder ver bien estaba usando un foquito del tamaño de un bolígrafo, un obsequio de Mapiex años antes. En un descuido momentáneo, se me soltó y fue a caer al fondo del tanque que tenía una profundidad de dos pies y medio. ¡Miérda! Ahora sí se fregó la vaina.

Ni dudar que era lo que debía hacer. Tenía que sacar ese foquito del tanque pues sino las consecuencias serían que el avión quedaría *grondeado*, o sea, en tierra sin volar hasta que no vinieran de Panamá a ver como lo sacaban. Un objeto así podría obstruir la salida del combustible hacia la bomba de presión que alimenta los motores. Forcé el puño en la apertura que era como de cuatro pulgadas y entró. Vamos bien. Seguí metiendo el brazo hasta que llegué al codo y de ahí sí que no pasaba. Después de varios minutos intentando, me di cuenta que no iba a entrar.

¿Y ahora qué hago? Ni de a vaina podía dejarle saber al camionero que ya me había preguntado cuál era la demora para empezar a dispensar el combustible. Logré sacar el brazo y lo froté con combustible JP-4, que no es más que una mezcla aceitosa de kerosene con gasolina y volví a intentar. Llegué nuevamente al codo y nada. Respiré hondo y me puse a rotar el brazo entero de izquierda a derecha de derecha a izquierda. Después de lo que me pareció una eternidad, de un momento a otro entró todo el brazo. El foquito aún estaba prendido y se veía la luz al fondo del tanque. Con los dedos más largos de la mano pude agarrarlo y empecé a sacar el brazo. Todo bien hasta llegar al codo. Nada que salía. Por un instante me pasó por la mente halar el brazo con todas mis fuerzas hasta sacarlo, pero eso significaría desgarrarme la piel y rajarme o fracturarme el codo en el intento. Me acordé de una novela que había leído de niño donde un lobo con una pata atrapada en una trampa, en su desespero, se desgarró con sus dientes la pata para librarse. Respiré hondo tres veces y me puse a razonar. Si entró, igualmente debe poder salir. Me había tomado como cinco minutos de estar torciendo el brazo para entrar así que respiré hondo una vez más y me llené de paciencia y determinación. A todo esto el caminero apurándome pues necesitaba ir al otro lado de la pista para reabastecer otras aeronaves.

—Vea, mejor vaya a atender los otros aviones, que tengo problemas con la tapa que se trabó y no la puedo abrir.

Ahí mismo haló la manguera, la recogió y se fue. Al oír cuando arrancó el camión y se alejó sentí un gran alivio. Quedé más tranquilo sin su insistente presión. Inicié la torcedura del brazo de izquierda a derecha como quien está aflojando una tuerca trabada. Los dedos ya empezaban a dolerme de lo tanto que apretaba el foquito para que no se me fuese a soltar de nuevo. Al fin, después de mucho esfuerzo, logré zafar el brazo con el foquito entre los dedos. Me senté en el ala y respiré con un alivio único. En ningún momento el foquito había dejado de alumbrar. Cerré la tapa y me bajé del ala. No le conté este incidente a nadie, y no fue hasta cuando llegué al hotel que reviví lo acontecido que me propuse a no volver a dejarme convencer a echar combustible en la oscuridad en un futuro. O es de día, o es en un área totalmente alumbrada, y punto. Sin demora procedí a anotar ese incidente en mi librito rojo. El asunto es que el vuelo no se cancelaría por una acción torpe de mi parte. Al día siguiente, a plena luz del día, se reabasteció el avión sin demora ni retraso para el vuelo. Tal como debió haberse hecho en un principio: de día y en claridad.

Esa noche en el hotel en Guayaquil, al abrir mi correo electrónico con las instructivas del día siguiente, me enteré que nos tocaba trasladar al agregado militar de la embajada y a un grupo de apoyo inicialmente a Shell Mera a abastecernos de combustible y de ahí seguir a nuestro destino final, una base de avanzada militar ecuatoriana al margen del río Curaray, afluente del río Napo y en la cuenca del río Amazonas. Yo había leído sobre Shell Mera, y sabía que desde 1944 había sido un campamento petrolero de la empresa Shell y un centro de operaciones de Pan American Grace Airlines (Panagra) cuando operaba primero con aviones DC-2 y posteriormente con DC-3 cubriendo todo Sur América incluyendo a Panamá, y ahora servía de base militar ecuatoriana y también como sede de operaciones en Ecuador del grupo evangélico estadounidense (*Mission Aviation Fellowship*, MAF). También conocía de los eventos circunscritos a unos misioneros estadounidenses que habían perecido en manos de miembros de la etnia huarorani en 1955. En un viaje a la sede de MAF en California cuando fui a traer un Cessna 185 para *Dillon Construction, Ltd* en Panamá, había visitado un salón museo que mantenía la Fundación dedicado a sus cinco miembros. Esa fue mi primera fuente para conocer en detalle de la tragedia de los misioneros que se inició con un intento de acercamiento con la etnia donde se suscitó lo inesperado con trágicos resultados. Existen versiones confusas de cómo se desenvolvió el desenlace, pero lo que sí es un hecho es que los cinco murieron de forma violenta. Lo extraordinario de este acontecimiento fue que entre los que ultimaron a los misioneros, algunos fueron eventualmente convertidos y llegaron a servir como evangelizadores en áreas apartadas del Ecuador. Hoy, el sitio donde ocurrió esta tragedia, en las riberas del río Curaray es utilizado por evangelizadores para bautizos de los nuevos conversos.

El día amaneció con un techo de nubes bajas que tapaban el sol, pero como la ruta sería a una altitud de 19,000 pies esto no nos afectaría. Teníamos que cruzar la cordillera de los Andes para ubicarnos al este, donde quedaba Shell Mera. Empezamos a ascender y al pasar por 10,000 pies tal como lo indican los procedimientos de la empresa, nos colocamos las máscaras de oxígeno. Aún estábamos en condiciones de instrumentos, en nubes. A los 15,000 pies, le comunicamos a los pasajeros que se tenían que colocar sus máscaras de oxígeno. Nos quedaba una hora de vuelo para llegar a Shell Mera, pero al mirarme las manos, me percaté que tenía las uñas azules, una clara indicación que algo no estaba trabajando con mi botella de oxígeno. Aunque no me sentía eufórico, que es uno de los síntomas de hipoxia, si estaba algo mareado, y como ya tenía algo de experiencia con eso de hipoxia, entré a la cabina de pasajeros para buscar otro tanque para conectarlo a mi máscara. A los pocos minutos, sentí que me normalicé. Momentáneamente me acordé de Dorcey. Pasando por 17,000 pies rompimos a un cielo azul y claro con una visibilidad ilimitada. A nuestra derecha estaba el pico del volcán Chimborazo con su cumbre cubierta de nieve. Un espectáculo único. Seguimos ascendiendo hasta nivelar a 19,000 pies. Al poco tiempo descendimos y aterrizamos en Shell Mera, a una altitud de 3,500 pies para abastecernos de combustible para nuestra próxima pierna. Al otro lado de la pista se divisaba los hangares de MAF.

Para el resto de la ruta contábamos únicamente con coordenadas en nuestro GPS debido a que no se captaban las señales de radio ayudas del área a esta altitudes bajas. El vuelo transcurrió sobre una capa de selva espesa sin ningún tipo de indicios de vida humana, solo selva y un río que merodeaba y que deduje era el río Curaray. Al sobrevolar el destacamento militar de Santiago, nos encontramos una pista asfaltada y debidamente señalizada, ubicada en medio de la selva. Un comité de recibimiento dirigido por un coronel ecuatoriano que había llegado en un pequeño helicóptero Hughes 500 esperaba a nuestros pasajeros. Yo sabía en términos generales dónde nos encontrábamos, pero no me imaginé lo cerca que estábamos del río que había sido testigo del encuentro de los misioneros y los huarorani. Después de almuerzo es que me reparé que desde el balcón del comedor se divisaba el río. Teniendo al coronel ecuatoriano al lado, aproveché para preguntarle si era el río Curaray y también sobre el célebre incidente donde habían ultimado a los cinco misioneros. Sí, era el río Curaray me dijo, pero que sorpresa me llevé al responderme que no tenía idea del incidente que le comentaba, un incidente que dio la vuelta al mundo[37-A].

Capítulo 38
Capitanía

Para esos días SOUTHCOM todavía no había exigido que ambos tripulantes deberían estar calificados como comandantes de aeronaves, como se denominaba el rango de capitán en EHA. Así que como era de esperar, me tocó volar mis primeras horas de capitán con un copiloto experimentado. Tony tenía varios años en la empresa, aunque no sé por qué no había sido ascendido a la capitanía. Creo que estaba en su zona de confort sin tener las responsabilidades de piloto al mando. Pero Tony compartió conmigo muchos de sus conocimientos del área requeridos para operar en ciertos lugares que no se contemplaban en el manual de operaciones de la empresa y que llegaron a ser de mucho aprecio por mí. Hacíamos un buen equipo.

A las semanas Tony renunció para irse a volar al Perú y me asignaron a otro copiloto que era totalmente lo opuesto. Desde el primer vuelo juntos, me di cuenta que tenía un caso fuera de serie en manos. Si bien ejecutaba un despegue y aterrizaje de manera satisfactoria, hasta ahí llegaba todo. No tenía la más mínima idea o conocimiento en cuanto al vuelo – ni en su preparación, ejecución, o terminación. En las primeras asignaciones donde nos tocó volar juntos, me empeñé en asesorarlo en cosas básicas como lo son comunicación por radio, preparación de planes de vuelo, cálculo de peso y balance e interpretación de reportes meteorológicos. Pero nada. Al principio pensé que era simplemente flojo pero después de varios vuelos demostró no tener la madurez requerida para ser parte de una tripulación. Su falta de juicio y de sentido común era preocupante. Ya se habían dado varias situaciones en vuelo que demostraban su falta de capacidad y de razonamiento para calificar como tripulante, especialmente en este tipo de operaciones en áreas difíciles. Era un caso perdido, un bulto. Fuera del avión también dejaba mucho que pedir. Su comportamiento era irracional e inaceptable en el trato con personas. Me mantenía en alerta en tierra como en el aire. Pero el colmo fue una mañana despegando de Bogotá bajo condiciones de instrumentos. Las salidas del aeropuerto El Dorado, especialmente en IMC, requieren ser precisas debido a las montañas que rodean al aeropuerto. Estando en pleno viraje, siguiendo el procedimiento de salida, y segundos después de solicitar la lista de verificación después del despegue (*After Take-Off Check List*) de repente los equipos de navegación y comunicaciones se apagaron.

¡Coño! ¿Qué pasó?

Al voltear a mi derecha esperando ver al copiloto escrutando el problema, ya que era el *Pilot Monitoring*, que debe monitorear todo relacionado al vuelo, lo que me encontré fue a una persona tranquila, tan tranquila que ni siquiera se había dado cuenta de lo que había sucedido. Tal era la ineptitud del individuo.

Mientras mantenía mi viraje y ascenso, me puse a revisar los interruptores de circuito para ver si alguno se había disparado, pero nada. Todos estaban en orden. Pero al volver mirar al panel superior, noté que el interruptor *Avionics Master*, que controla todo el sistema eléctrico de los componentes de navegación y comunicación del avión estaba en la posición *OFF*. Al ejecutar el *check list*, el copiloto lo había inadvertidamente apagado. Lo volví a activar y al recobrar el fluido eléctrico, continué con el vuelo y allí mismo decidí mantener al sujeto aislado de todo en cuanto al vuelo. Es más, ni siquiera le permití hablar por radio, pues sus transmisiones eran confusas, largas y repetitivas y que en más de una ocasión se ganó comentarios fuertes de parte de otras tripulaciones intentando transmitir en la frecuencia.

Volando un par de días haciéndolo todo, me sentía físicamente agotado. Me tocó no solo volar todas las piernas, sino también ejecutar las siete listas de verificaciones de un vuelo, manejar las comunicaciones con las torres, centros de navegación, y a la base Davis-Monthan, asegurar la carga, y supervisar el suministro de combustible del avión; además de las mías como capitán que incluían: hacer la evaluación de riesgo para cada vuelo, interpretar los reportes meteorológicos, calcular el peso y balance, determinar rutas, altitudes, consumo de combustible y elaborar el plan de vuelo y, al terminar el día, ya en el hotel, llenar los interminables informes de los acontecimientos de la misión. Estaba agotado sí, pero convencido de no dejar que este atolondrado tuviera injerencia en los vuelos. Contaba los días del regreso a Panamá para culminar con esta misión de nueve días que parecía interminable.

La madrugada del día de regreso a Panamá, al estar esperando el transporte que nos llevaría al aeropuerto, veo que entre su equipaje este copiloto llevaba una caja grande de cartón que no había sido parte de su equipaje al salir de Panamá. Al preguntarle qué contenía – era la primera vez que le dirigía la palabra después del incidente – me contestó que creía que eran piezas de cerámica y que un primo de su novia le había pedido se las llevara Panamá.

—¿Cómo? ¡No, señor! Ni pienses por un segundo que esa caja va a ir en el vuelo.

Un guardia de seguridad del hotel que había estado presenciando la escena, se me acercó y me llamó aparte y me dijo: —Mire, Capitán, no es primera vez que a este personaje le traen encargos para que lleve a Panamá. Gente rara, pero usted es el único que ha hecho algo al respecto. Nosotros tenemos órdenes de no involucrarnos, pero le cuento que son gente sospechosa.

Llegó el transporte, nos montamos y la caja quedó en la acera frente al hotel. No permití que la embarcaran.

Aunque el destino era Panamá, debíamos hacer una escala en Barranquilla en una base naval dentro del recinto del aeropuerto Ernesto Cortissoz. Ahí debíamos abastecernos de combustible y recoger unos pasajeros antes de seguir a Panamá. En Colombia los vuelos de EHA se les consideraba como diplomáticos porque se gestionaban a través de la embajada estadounidense y se nos daba tratamiento especial. No revisaban el avión, carga, equipaje o tripulante. Pero ese día al arribar a la base naval en Barranquilla, apenas aterrizamos nos echaron los perros antinarcóticos a todo nuestro equipaje mientras que el personal militar revisaba el avión. Yo veía todo esto con cierto recelo y no fue hasta haberse retirado los perros y agentes antinarcóticos que pude respirar más tranquilo.

Al no haber combustible en la base, nos tocó rodar el avión a la terminal civil para abastecernos. Llegando allá, vuelve y nos cae personal a revisar nuestro equipaje, pero esta vez por parte del componente civil del aeropuerto. Hervía de la furia que sentía por la estupidez e ingenuidad del copiloto en aceptar traer una encomienda sin conocer que contiene ni quien lo manda. El vuelo de regreso fue uno de total cabina estéril. Al igual que los días anteriores, yo mismo conducía los *check lists* requeridos, y me encargaba de la comunicación. Apenas entré a la oficina de la empresa en Panamá, pedí una reunión con el gerente de operaciones. Le expuse el caso recién vivido además de varias otras situaciones comprometedoras en que me había convencido que era un peligro para la operación. De manera vehemente rehusé volar con él. El gerente citó a los otros capitanes para al día siguiente para evaluar mi queja. En la reunión el día siguiente los demás capitanes en unísono manifestaron que este sujeto no solo no era una ayuda en la cabina, sino más bien una amenaza.

—¿Por qué no lo habían reportado? —pregunté yo incrédulo.

Uno de ellos me respondió: —Yo simplemente no lo dejo tocar nada en el avión durante el vuelo. Lo ignoro.

Ahí mismo se hizo una llamada en conferencia al Director de Operaciones en Anchorage, quien al escuchar los planteamientos, dictaminó cancelarle in situ el contrato al copiloto. Quedó despedido al instante.

Semanas después cuando me tocó regresar a aquel hotel en Bogotá me informó el guardia de seguridad que la caja se pasó todo ese día enfrente del hotel, pues tenían órdenes de la gerencia de ni siquiera acercársele y que esa noche se la llevaron los pepenadores, aquellos que recorren de noche en carretas tiradas por caballos las calles de Bogotá recogiendo material reciclable para venderlo.

Me dijo el guardia con picardía: —Vaya usted a saber si no fueron ellos los que "coronaron".

Me comentó que uno de los modus operandi que utilizan los "traquetos" es mandar uno o dos encargos "limpios" con algún tercero y si pasan el escrutinio de aduanas sin revisión, los próximos sí van "premiados", o sea, con sustancias ilícitas.

De no haber sido yo malicioso y desconfiado, es probable que todavía estuviera encerrado en una prisión colombiana por narcotraficante, porque el responsable de la aeronave en tierra o en vuelo es el piloto al mando. No la empresa, no agente de carga, no el copiloto. El capitán y punto.

Supe tiempo después que este individuo estaba en el Medio Oriente en una base militar estadounidense contratado como instructor de vuelo en un aeroclub civil. ¿Cómo logró engatusar a esta otra gente? Nunca sabré.

Capítulo 39
Picardía mexicana

Una de mis asignaciones fue llevar un Casa desde Panamá a Arizona, sede de los talleres de reparaciones mayores de Evergreen para una inspección estructural de rutina. Una vez allá, traería otro Casa recién restaurando de regreso a Panamá. El vuelo fue de dos días en un calor infernal, pues el Casa, no es para nada cómodo y tampoco tiene aire acondicionado a bordo. Pernoctamos una noche en Veracruz y seguimos al día siguiente a Marana, Arizona. Me tocaba un *chequeo* en ruta así que me acompañó en ese vuelo Hayden, *chequeador* de EHA de la base en Anchorage que en este vuelo fungía como copiloto también. No hubo emergencia o falla mecánica en vuelo que no se simuló, o preguntas del manual de vuelo que no se hiciera. Bajo ningún concepto fue un vuelo de paseo.

El aeropuerto de Marana, debido a su clima seco y desértico, contiene el almacenamiento más grande del mundo de aviones de transporte. Miles de aviones de toda marca y modelo se encuentran esperando reactivarse para volar o para sacarle piezas en un área que cubre decenas de hectáreas de terreno. Es tan extenso que es imposible recorrerlo a pie. Al lado, en la base aérea Davis-Monthan, igual se mantiene un gran número de aviones militares esperando ser reactivados para servicio. Durante la Guerra de Vietnam, se reactivaron muchos cazas y bombarderos de la Segunda Guerra Mundial para prestar servicio. Por un lado es impresionante ver toda gama de aviones con sus respectivas designaciones pintadas en el fuselaje y por otro, se siente tristeza saber que la mayoría de estos veteranos aparatos no volverán a volar jamás. No vi ni un solo DC-3.

A los dos días de haber arribado, nos entregaron el avión que debíamos regresar a Panamá. Después de un vuelo de aceptación, se abasteció de combustible y emprendimos viaje hacia el sur. Mi tripulación era el copiloto JB$^{39\text{-}A}$ y el mecánico de vuelo, Junior, de la base en Panamá. JB había piloteado oficiales de alto rango en vuelos del ejército estadounidense. Le gustó Panamá y al acogerse a su jubilación, se empleó en EHA. Era capitán en los Beechcraft 1900 y lo asignaron en este vuelo para familiarizarlo en el Casa 212, pues EHA quería tener a sus capitanes habilitadas en esos dos equipos.

La primera escala que escogimos fue Acapulco, México. Luego de cenar en el hotel, pasamos al lobby a presenciar una función de Karaoke. Consciente de que la regulación de la FAA para dejar de ingerir bebidas alcohólicas antes de un vuelo es de diez horas y que EHA imponía a sus pilotos doce horas *Bottle to throttle*, a eso de las diez de la noche me despedí de los dos recordándoles que al día siguiente salíamos temprano para Panamá.

En la mañana al no aparecer Junior para desayunar y al no contestar el teléfono, me dirigí a su habitación. No había señas de que en la cama se había dormido. Quedamos inquietos por su extraña desaparición que decidimos reportarlo a la administración del hotel. El gerente visiblemente nervioso decidió llamar a la policía, después a los hospitales, y hasta a la morgue. Al llegar un teniente de la policía lo primero que nos dijo que eso era usual en los turistas, perderse y lo más probable es que se había "entusiasmado por ahí con alguna chamaquita".

Le pedí al gerente hablar con el personal de guardia

que estuvo de turno en la noche. Nadie sabía nada. El hotel quedaba en un enorme complejo de hoteles, restaurantes y clubes nocturnos. La entrada al recinto era restringida para la seguridad de los huéspedes. Según JB, habían cruzado la calle a un *Hard Rock Café* y la última vez que vio a Junior fue a media noche cuando se quedó hablando con un grupo de gente a la salida del estacionamiento.

—Pues ahí está la cosa, güey. ¡Se enamoró y anda enfaldado! Por ahí aparecerá, ya verá —dijo el teniente al montarse en su patrulla para irse. Caso cerrado.

A mí no me convenció para nada ese supuesto, pues sabía que Junior estaba anuente de la hora de salida y aunque no era piloto y la regla de las doce horas libre de alcohol no le aplicaba, lo conocía como persona responsable.

Nos dirigimos al Hard Rock Café para buscar información del paradero del tripulante perdido. Mandamos a buscar al sereno que estuvo de turno en la noche y cuando le describí al desaparecido, sí se acordó que lo había visto montarse en un taxi con dos mujeres y un hombre, uno de los que llevaba una camiseta del club nocturno El Jaguar Negro. El gerente reconoció el nombre y nos llevó en su auto al centro de Acapulco, a un barrio donde abundaban las cantinas y los clubes nocturnos. En El Jaguar Negro encontramos a Junior, en medio de un grupo mixto de hombres y mujeres. El ambiente era de parranda pero a él se le veía en un estado de trance, más dormido que despierto. Aunque no aparentaba estar ebrio, hablaba de manera incoherente y ni siquiera nos reconoció cuando lo sacamos del antro para meterlo en el auto. Todo esto nos tomó gran parte del día y no fue hasta en la tarde que logramos despegar rumbo a Liberia, Costa Rica, con escala de salida en Tapachula, México.

Durante el vuelo a Liberia, ya de noche, comentábamos lo acontecido y el inconveniente que nos causó. Sin embargo, nos sentíamos aliviados que no fue algo peor. Pasando lateral a la costa guatemalteca, vimos en el radar una línea de mal tiempo que se extendía desde la cordillera hasta bien adentro del Pacífico. No podíamos treparnos por encima pues los cúmulos se pintaban en el radar con cumbres que llegaban a 23,000 pies, algo más que el techo absoluto del Casa. No había otra que penetrar el mal tiempo en la parte más angosta. La turbulencia sería severa. Junior venía dormido en el piso con una mochila de almohada, ya que la cabina estaba en configuración de carga, sin asientos. JB trató de despertarlo para que se viniera a la cabina de mando donde había una silla de observador con cinturón de seguridad, pero no fue posible. El hombre estaba noqueado. Al empezar la turbulencia con sus esperados tumbos y hamaqueos, observamos que Junior ni se inmutó. Rodaba de un lado al otro y quedaba suspendido en el aire sin aparentar sentir golpe alguno. Cuando al final de un largo día aterrizamos en Liberia, por ahí mismo nos fuimos a un hotel rendidos. Junior seguía dormido.

Al día siguiente cuando desayunábamos, ya despierto Junior, lo abordamos sobre lo que había acontecido. Aludía acordarse únicamente cuando al salir del club se quedó conversando con un grupo de personas y de allí más nada. Habiendo JB y yo asistido a la charla sobre estupefacientes requerida a tripulantes de EHA operando en Colombia, deducimos que probablemente lo habían drogado con Escopolamina[39-B]. Una vez convencidos con ese análisis, se nos pasó el disgusto que habíamos sentido desde el incidente el día anterior.

Al estar ya de nuevo en Panamá días después, Junior

nos comentó que al regresar a casa se enteró que sus dos tarjetas de crédito habían sido vaciadas esa noche que pernoctamos en Acapulco. Lo habían llevado de paseo con el cajero expreso, un timo común en este ambiente. Cuáles fueron sus explicaciones del desfalco a su jefa, nunca supimos, pero debió ser interesante.

Capítulo 40
Misión rechazada

Como a los dos años de estar en EHA de la nada se nos requirió asistir a una charla por parte del grupo militar de la embajada en Bogotá. El programa consistía en información sobre procedimiento a seguir en caso de ser aprehendidos o capturados de tener que hacer un aterrizaje forzoso en la selva. Eran cuatro etapas distintas: Cautiverio, evasión, resistencia y escape (*Captivity, Evasion, Resistance, Escape*, CERE) ¿Cómo es esto y por qué ahora? No se nos dijo la razón, pero habíamos notado un marcado incremento en operaciones relacionadas en rescatar a tres estadounidenses en cautiverio[40-A].

Si bien operábamos en áreas consideradas como peligrosas, nunca estuvimos expuestos innecesariamente. Cada vuelo tenía que ser aprobado desde la base aérea Davis-Monthan quien recibía confirmación de la embajada sobre la presencia de las autoridades militares colombianas en los destinos de ese día.

Lo más cerca que estuvimos de llevar a cabo una misión fuera de lo normal, fue una noche que al regresar a Bogotá nos esperaba un miembro del grupo militar de la embajada. Nos reunió en el salón de espera dentro del hangar y se fue al grano de una vez informándonos que estaríamos haciendo vuelos de noche, a baja altura sobre el terreno, lanzando volantes en áreas de "interés". Las volantes ofrecían recompensa a quienes daban información sobre el paradero de tres estadounidenses secuestrados. En esa gira me acompañaba Chris, que aunque capitán, fungía como mi copiloto.

—¿Y por qué a baja altura y de noche? —pregunté.

—Porque si es desde muy alto, las volantes no llegan a su objetivo, y de día atraerán disparos de armas cortas.

—Un momento, ¿por qué no usan aviones de la Fuerza Aérea Colombiana para esto?

—Es que aún no hay consenso entre la Policía, el Ejército y la Fuerza Aérea. El tiempo es ahora, por razones estratégicas que no podemos divulgarles en este momento.

Ante esa respuesta, nos paramos, recogimos nuestros maletines de vuelo y salimos de la oficina hacia la camioneta sin emitir palabra alguna. Nuestro contrato subscribía el volar en áreas asignadas por SOUTHCOM, pero no especificaba hacer vuelos nocturnos a baja altitud de noche y menos expuesto a disparos. Ambos estábamos claro en esto. Desde esa noche más nunca se volvió mencionar el tema.

Capítulo 41
Clausura de una etapa

Mi bitácora de vuelo registra que el 25 de marzo de 2009 habíamos despegado a las diez y media de la mañana de Bogotá con destino a Tumaco, en el Departamento de Nariño cerca de la frontera con Ecuador. Era un vuelo de rutina y consistía en recoger a un contingente de soldados de las Fuerzas Especiales estadounidenses y colombianas que habían estado de patrulla en la selva y retornarlos a CATAM en Bogotá. Mi copiloto ese día era Brad[41-A].

Almorzamos en un restaurante al lado del mar con ambiente costeño y vista al mar, algo totalmente opuesto al clima lúgubre y lluvioso que dejamos esa mañana en Bogotá. Nos sentíamos como turistas. Tumaco es un puerto pesquero que ha cogido auge como el de mayor importancia en la región pacífica de Colombia. Este auge también ha convertido a Tumaco como punto importante del narcotráfico.

Al regresar al aeropuerto oigo que alguien me llama: —¡Ibu, Ibu! —era Mike, un mecánico-piloto de DynCorp que era contratista del Plan Colombia en su esquema de erradicar los cultivos de coca. En Colombia DynCorp operaba aviones fumigadores Air Tractor 502-B, y el veterano bimotor Bronco (North American OV-10), que se usó en Vietnam. A Mike lo había conocido en Panamá y nos unía la aviación. Mike nos invitó a conocer su despacho y después nos propuso una gira por el complejo. Nos dirigimos a un área donde tenían un narco-submarino capturado por las autoridades navales colombianas. Era uno típico de los que se usan para transportar cocaína desde el Pacífico colombiano a Centroamérica y México[41-B]. El teniente de la armada colombiana que nos acompañaba describió que el modelo era de los primeros diseños que salieron hacía varios años ya, y que los últimos eran bastante más sofisticados al punto que en 2006 descubrieron uno abandonado en la costa española. Habían cruzado el mar Atlántico con su valioso cargamento.

Después de quedar impactados por el ingenio colombiano en su mayor expresión, nos despedimos pues era la hora de despegar, pero aún no habían aparecido nuestros pasajeros. No fue hasta ya anocheciendo que se presentaron con todos sus pertrechos y equipo. Ya las autoridades del aeropuerto se habían retirado y nos informaron las fuerzas de seguridad que al no haber luces en la pista, el aeropuerto clausuraba en diez minutos, una hora después de la puesta del sol. Sin facilidades para pesar a los pasajeros y su equipo, le asigné un peso patrón de 175 libras por persona más 45 de equipaje personal. Este Casa 212 lo habíamos configurado con butacas para acomodar a 27 personas más equipaje. Eran en total 28 así que a pasamos a uno adelante en el asiento del observador. ¡Uf! Craso error. Acomodamos rápidamente a los pasajeros en las butacas y el equipaje y carga se aseguró en la parte trasera del avión. Íbamos pesados, pero como Tumaco estaba a nivel del mar y el calor a esta hora ya había disminuido, los cálculos indicaban que estábamos dentro del límite para despegue. Logramos salir antes de que las autoridades colombianas (Ejército y Policía) nos lo impidieran debido a la hora. Cuando tomamos vuelo, la gritería y aplausos de estos pasajeros no se hizo esperar y eso para mí era totalmente entendible. Dormirían en camas con sábanas limpias, comerían comida caliente y podrían bañarse con agua limpia. Parecían unos chiquillos de paseo. Pero, adelante en la cabina de mando, con nuestro invitado que venía "maduro", más el olor que emanaba de atrás, nos tenía con náuseas. Habían estado treinta días en la selva patrullando y el olor era tétrico. Aunque se entendía, eso no lo hacía menos asfixiante.

Horas antes había estallado un explosivo en el área de los muelles por lo que se acababa de calificar Tumaco como un área "caliente". En esos casos, los procedimientos indicaban que se debía ganar altura lo más rápido posible sobre el mar antes de enfilarse hacia la cordillera occidental que debía cruzarse a 19,000 pies. El ascenso del Casa fue al máximo rendimiento que nos daban los dos motores Garrett. Al pasar por 8,000 pies, la presión interna del cuerpo es mayor que la del aire que lo rodea, haciendo que los gases naturales del cuerpo busquen escaparse. Pues al poco tiempo el olor fétido de los gases de los pasajeros se mezclaba con los de sus cuerpos sin asear lo que dejó de ser aceptable y se tornó insoportable. Al ser el Casa un avión no presurizado, la tripulación debe ponerse su máscara de oxígeno al pasar por 10,000 pies, pero en este caso el copiloto y yo nos la pusimos de una vez, por más incómodas que resultaran ser, para intentar evitar respirar los fuertes olores de nuestros pasajeros, pero los olores persistían. La otra solución que se me ocurrió fue abrir parcialmente la rampa hidráulica de carga trasera del avión para que se succionara todo ese mal olor. Se solucionó el problema, pero creó un intenso frío dentro del avión. El sistema de calefacción de este avión es pésimo. El aire caliente de los motores sale únicamente por el piso de la cabina y las tripulaciones optan por no usarlo para no quemarse los pies. Al seguir ascendiendo para nivelar a los 19,000 pies el aire dentro de la cabina se enfrió al punto que llegó a -5°C. Aun así, era mejor congelarse que exponerse a la pestilencia que provenía de esos soldados. Llegamos a un Bogotá oscuro, frío y con su característica llovizna, congelados hasta los huesos y con un avión repleto de pasajeros profundamente dormidos. Una vez se abrieron las puertas para desbordar, en unísono volvieron a retomar el relajo y la algarabía. Después de despedirnos, no sé si me sentía contento por haberles cumplido trayéndolos de regreso a la civilización o si por verlos alejarse con la estela viciada que emanaba del bus que los transportaba.

Ese vuelo sería el penúltimo que haría con Evergreen. Al día siguiente, el 26 de marzo, al presentarnos al aeropuerto a cumplir con un vuelo a San José del Guaviare, nos encontramos que todos los vuelos de EHA en Colombia se habían cancelado. La orden era de proceder inmediatamente a Panamá. Una vez de regreso, se nos informó que el contrato con SOUTHCOM había llegado a su final. Sin embargo, la razón no-oficial era que dado que el objetivo principal del contrato había sido apoyar en el esfuerzo de rescatar a los tres estadounidenses secuestrados por las FARC se había cumplido, y ya no necesitaban los servicios de EHA.

Justamente al cesar EHA operaciones basadas en Panamá, fui notificado por el DoD que mi habilitación de seguridad (*Security Clearance*) fue rechazada por haber estado en la planilla de un gobierno extranjero (Panamá, cuando laboré en la ACP). Tres años y medio tomó esa investigación para arrojar este veredicto.

En noviembre, recibí una oferta de EHA para trasladar un Casa desde Anchorage a Kabul, Afganistán atravesando partes de Rusia, China y Mongolia. Inicialmente la propuesta me llamó la atención pero luego de analizar la ruta, la época del año, y mi inexistente experiencia volando en regiones subárticas, decliné. Supe al tiempo que ese viaje resultó ser un tormento y en vez de cinco días, tomó veinticinco debido al mal tiempo, problemas mecánicos, falta de repuestos y la perene burocracia estatal. Me libré de ese desatino.

Varios de los otros pilotos siguieron volando con otras compañías en distintas partes del mundo; dos de ellos en Copa en Panamá. Por mi parte, ya había agotado mi afán de aventura y decidí colgar los guantes. Por lo menos eso creí en ese momento.

Arriba: El Casa 212-200, uno de los cuatro operado por *Evergreen Helicopters of Alaska*, subsidiaria de *Evergreen International Aviation* desde su base en Panamá.

Abajo: Cabina de mando del Casa 212-200, una oficina con vista panorámica.

Arriba: Cabina sumergible utilizada en curso de *Dunking*. Lafayette, Luisiana, EUA.

Abajo: Ibu y Tony, el paisa y el llanero. ¿Uniforme? ¿Cuál uniforme? Cabina del Casa 212-200.

Arriba: Mike al lado de un narco submarino capturado en Tumaco, Nariño, Colombia.

Derecha: El Casa 212-200 en vuelo.

Abajo: Despegue de un Globemaster C-17 "Ballena". Larandia, Caquetá, Colombia.

Parte 9
Aventura sobregirada

42 La zanahoria
43 Escala inesperada
44 Puerto Leguízamo
45 Refugio selvático
46 Resignación y determinación
47 Año Nuevo distinto
48 Pesadilla abortada

Capítulo 42
La zanahoria

Este episodio empezó un miércoles, 26 de diciembre de 2012. El Mooney M20L ya tenía varios días de estar en el Aeropuerto Enrique Malek en David esperando piezas para repararlo. El avión había hecho escala en David en vuelo de los EUA a Argentina con un piloto estadounidense y José Alomar, el mecánico argentino, pero en ruta a ciudad Panamá se habían tenido que regresar a Malek debido a problemas con la presión de aceite. Era todo lo que conocía del avión. Estaba cooperando con José prestándole herramientas, y brindándole las facilidades de mi hangar. A los días llegó el dueño, Leandro Argentini presto a llevarse el avión una vez reparado. El piloto de traslado que había volado el avión hasta Panamá se había regresado a los EUA y ya no estaba disponible para el vuelo. La Autoridad Aeronáutica Civil de Panamá, cumpliendo con la reglamentación de la Organización de Aeronáutica Civil Internacional (OACI), no permitía a la aeronave volar sobre espacio aéreo nacional a menos que el piloto tuviese licencia o panameña o estadounidense, debido a que la matrícula del avión era estadounidense (N158MP) y estaba operando sobre espacio aéreo panameño. Lo mismo se aplicaría en Colombia, Brasil, y Bolivia, los tres países restantes que se tenía que sobrevolar para llegar a Argentina. O se tenía licencia del país del sobrevuelo, o licencia del país de matrícula del avión. Ese hecho hizo que Leandro, que no tenía ni licencia panameña ni estadounidense, se afanara a contratar a un piloto con licencia FAA que volara el avión hasta Argentina.

El próximo día, estando en mi hangar se me acercó Leandro ya que había averiguado que yo tenía licencia válida de la FAA. El día anterior había hecho un vuelo de prueba con otro piloto del patio que también tenía licencia de la FAA, pero por razones que desconozco, me propuso el viaje a mí. Lo pensé por unas horas considerando la fecha, la cercanía de fin de año, la ruta y las condiciones del monomotor a volarse. A sabiendas que tal vez no estaría de regreso para fin de año, decidí hacer el viaje por solidaridad con ellos, atrapados en un país extraño sin solución clara al alcance. En una ocasión en México me había encontrado en una situación similar y pienso que eso me hizo viable la justificación de darles una mano. Además, estaría volando en territorio inexplorado por mí, Brasil, Bolivia y Argentina y eso sí que alborotó mi espíritu aventurero.

Esa misma tarde hicimos un vuelo de prueba. Al ver a Leandro pilotar este avión me di cuenta que tenía habilidad nata para volar. Pero en ascenso al encontrarnos con unos cúmulos dispersos a 2,000 pies lo noté algo incómodo. Me dejó saber que no estaba acostumbrado a volar dentro de nubes pues en Argentina, usualmente volaba debajo del espacio aéreo controlado que empieza a 1,500 pies. Le sugerí que siguiera ascendiendo esquivando las nubes ya que estábamos en un vuelo VFR. Hicimos varias maniobras y se probaron los instrumentos de navegación igual que el piloto automático, funcionando todo de manera normal. Realmente el avión era un placer volar; dócil en los controles y con una potencia espectacular. Este modelo en particular contaba con un motor experimental enfriado por agua y de 351 caballos. En crucero podía alcanzar una velocidad de más de 200 nudos, más rápido que los aviones turbohélice de transporte que había volado en Aero Perlas o Evergreen. Ya decidido, le notifiqué mi aceptación de acompañarlos en el vuelo, con la condición que se consideraría el vuelo del aeropuerto Enrique Malek a Marcos A. Gelabert en Panamá como una prueba más de que el motor estaba funcionando normalmente. Si todo salía bien en esa hora y tanto de vuelo, seguiríamos según planificado a Bahía Blanca, Argentina.

Día 1- El 28 de diciembre, aunque los trámites para la salida de David se habían iniciado de antemano ya listos para partir surgieron inconvenientes que nunca faltan en este tipo de vuelo. En este caso, aprobación de vuelo interno por parte de AAC. Me tocó llamar a la dirección en Panamá solicitando se aprobara el permiso para el N158MP y así logramos salir casi a mediodía de Malek hacia Gelabert. Ascendimos a 9,500 pies en condiciones típicas de nubosidad para esa época del año. Leandro venía volando mientras yo me estaba familiarizando con los instrumentos de navegación abordo. Al verlo incómodo volando dentro de nubes, le solicité al Centro una autorización IFR para utilizar el tiempo restante del vuelo para impartirle instrucción básica de vuelo IMC. Su entusiasmo por volar y su facilidad de asimilar las reglas básicas de IFR hicieron fácil la sesión de instrucción en esa pierna. El Mooney estaba bien equipado para volar en condiciones IMC e inclusive contaba con piloto automático y dos equipos GPS por encima de los requerimientos básicos. Además contaba con un equipo ADF considerado obsoleto pero útil en áreas aisladas del planeta como las que estaríamos transitando. Leandro tenía la tendencia a revertir al piloto automático cuando estábamos dentro de una nube. Le insistí volar toda la ruta de manera manual para que se fuese acostumbrando al avión.
—Aprende a sentir el avión primero, después puedes usar

el piloto automático cuantas veces quieras —le repetía.

Los dos, Leandro y José venían entusiasmados por el hecho de que después de varias semanas varados en David, al fin continuarían el viaje hacia Argentina. No paraban de elogiar el desempeño del avión y admirar simultáneamente los mares Pacífico y Caribe desde esa posición privilegiada. Al ver el Canal de Panamá con la ciudad al fondo, el entusiasmo se les desbordaba.

En el vuelo a Gelabert el motor funcionó satisfactoriamente. Al aterrizar para cumplir con los requisitos de salida del país, le encomendé a José llenar el tanque portátil de oxígeno ya que el avión no era presurizado y estaríamos volando a alturas mayores de 12,000 pies. Yo me ocupé en rastrear cartas de navegación de la ruta a seguir y de aproximación de los aeropuertos donde aterrizaríamos. Solamente logré conseguir las cartas de aproximaciones por instrumentos al aeropuerto Alfonso Bonilla Aragón en Cali, Colombia. Los tramites de salida cumplidos, partimos de Gelabert a las tres de la tarde en vuelo IFR en la aerovía A321 que nos mantendría volando sobre el mar casi toda la distancia directo a Cali. La altitud mínima en ruta era de 3,000, pero solicité volar a 11,000 y una vez pasamos el Archipiélago de las Perlas pedí desviación de ruta para colocarnos a 30 millas de la costa, distancia calculada en que este avión podría planear hasta tierra firme en caso de fallo de motor. La lección de Narganá me había quedó grabada firmemente en mi manera de volar sobre agua.

Para la tranquilidad de los tres abordo, nuevamente el avión funcionó normalmente en esta pierna de tres horas. Llegamos a Cali en la tarde antes de anochecer y una vez reabastecido de combustible revisamos el aceite, comprobando que no se requería agregarle. Harry, el representante de Aero Support, la compañía que estaba atendiendo el vuelo, nos llevó al hotel en el centro de Cali, pero no sin antes conseguirme una carta de aproximación para el aeropuerto de Leticia, Colombia, aunque yo le había pedido una para Tabatinga, Brasil. Esa noche se estaba inaugurando la renombrada Feria de Cali, y las actividades programadas eran bastantes y variadas. Cerca del hotel se presentaban renombrados grupos de música tropical que aunque ni Leandro ni José conocían este género de música se entusiasmaron de inmediato. Yo también, debo agregar. Parecía ser que el éxito del vuelo ese día nos contagió con ánimos de celebrar. Me apresuré a alistarme para conocer la famosa feria de Cali, pero instantes antes de salir de la habitación me detuve y recapacité sobre lo que estaba por emprender. El entusiasmo había apartado el cansancio producto del estrés de estar volando varias horas en un monomotor sobre agua. El vuelo de mañana sobre altas montañas y áreas despobladas no era del todo fácil. De inmediato opté por desistir y quedarme en el hotel preparando el vuelo del día siguiente.

Al no contar con ningún tipo de carta de navegación actualizada para el tramo que nos quedaba, tuve que utilizar las cartas vencidas por fechas que había traído de mi hangar en David, pero me ayudaron a preparar el vuelo. La ruta nos llevaría desde Cali hasta Tabatinga, Brasil. Tendríamos que subir y cruzar la cordillera a 19,000 pies, el MEA para esa ruta y volar varias horas sobre la selva amazónica. No fue hasta el día siguiente que vine a captar lo atinado que fue haber revisado la ruta y de haberme acostado temprano para amanecer con la mente clara y el cuerpo descansado.

Capítulo 43
Escala inesperada

Día 2- El sábado 29, nos despertamos con una mañana fresca y un cielo parcialmente cubierto de nubes. Después del desayuno, Harry nos recogió a la hora acordada para llevarnos al aeropuerto y asistirnos con Migración y Aduanas. Una vez en las oficinas de Meteorología y Operaciones para presentar nuestro plan de vuelo, nos dieron el reporte del pronóstico de destino y ruta; ni muy malo, ni muy bueno, tormentas en horas de la tarde en el área de Leticia. La ruta nos pondría entre las cordilleras Occidental y Central, hacia la ciudad colonial de Popayán para entonces dirigirnos hacia el este. Las montañas a cruzar, forman parte de la cordillera de los Andes que se extiende desde el Caribe colombiano hasta el Pacífico chileno-argentino. Una vez al lado este de la cordillera estaríamos sobrevolando los llanos del Departamento del Caquetá y las selvas de los Departamentos de Putumayo y Amazonía hasta Leticia, ubicada al margen del río Amazonas y punto fronterizo entre Colombia, Perú y Brasil. Justo al otro lado del río Amazonas, Tabatinga, Brasil, nuestro destino. Como estábamos estimando nuestro arribo a Tabatinga a mediodía, las tormentas pronosticadas no merecieron mayor preocupación.

La salida normalizada para aeronaves dirigiéndose hacia el sur del aeropuerto de Cali cuando está en uso la pista 01, orientada hacia el norte a 010°, requiere hacer un ascenso rápido, girando hacia el sur para cruzar el VOR que está al extremo sur de la pista, a 6,000 pies. Considerando la velocidad del Mooney, esto requiere que

Aventura sobregirada 273

el ascenso sea de 1,500 pies por minuto, y para cumplir, se ajustan los controles del motor para obtener máxima potencia. Pasamos el VOR a la altitud indicada y seguimos en ascenso para alcanzar los 19,000 pies asignados para esta ruta. Una vez sobre el VOR de Popayán, nos queda entonces cruzar la cordillera. Aquí el cielo está encapotado, con nubes tipo cúmulo que son las que parecen inofensivas bolas de algodón, pero que suelen contener turbulencia severa. Estos cúmulos a distintos niveles obstruyen nuestra ruta y tenemos que volar a través de ellos. Estamos en un plan de vuelo IFR y no debemos salirnos de nuestra trayectoria asignada sin autorización, algo que no pienso pedir. Estamos ascendiendo en un callejón en medio de dos cordilleras.

Al pasar por 12,000 pies sobre Popayán, le solicito a José que viene en el asiento de atrás que prepare las máscaras para el oxígeno y es ahí cuando me entero que el tanque solamente contiene media capacidad debido a que ni en Panamá ni en Cali se llenó. ¡No me joda. No puede ser! Le advierto a los dos que se conecten al oxígeno y se restrinjan de hablar a menos que sea necesario para no consumir demasiado rápido lo poco que tenemos de oxígeno en la botella. Ya al pasar 15,000 pies, altitud que sé es mi máxima tolerancia sin oxígeno, me conecto también a la botella. Pasando 16,500 José me hace señas con la mano, rasgándose la garganta que indica que se nos ha acabado el oxígeno. ¡Mierda, carajo!

Inesperadamente rompemos encima de las nubes y se divisa un panorama grandioso. A lo lejos a la izquierda se aprecia el Nevado de Huila con nieve en la cumbre que se proyecta hasta los 17,683 pies y más adelante una llanura verde totalmente despejada. Con cierto alivio de estar en condiciones visuales y en un área conocida, inmediatamente solicito al Centro de Control cancelar IFR y seguir con plan de vuelo VFR. Esto involucra cambiar de volar regimentado bajo tutela del Centro de Control a un vuelo en condiciones visuales, permitiéndonos variar de ruta y altitudes. El controlador pregunta si estamos familiarizado con el área y mi respuesta es que sí.

—Mantenga pleno contacto con el terreno —dice y nos da la frecuencia a contactar una vez cruzada la cordillera.

Casi enfrente y debajo de nosotros divisamos la pequeña población de La Plata. De ese punto de referencia giraremos a la izquierda hacia el este hasta cruzar El Carmen, que está al otro lado de la cordillera, otra población que se usa de referencia en vuelos visuales. Este cruce se puede hacer a una altitud de 15,500, siempre y cuando estemos visual.

Cruzamos sobre una hondura como a 1,000 pies sobre el terreno, pero con las laderas empinadas que siguen hacia arriba a ambos lados. Ya estando al otro lado de la cordillera, al lado este, iniciamos rápidamente el descenso a 11,500 pies, pues ya tenemos varios minutos sin respirar oxígeno puro. De aquí en adelante no tendremos que volar a grandes altitudes, pues lo que nos espera, hasta llegar a Bolivia por lo menos, es selva plana casi a nivel del mar. El motor se ha desempeñado normalmente en cuanto a presión y temperatura de aceite, temperatura de cilindros, flujo de combustible y la presión del *manifold*, además de los indicadores más sensibles para un piloto, su rugido y su vibración que el piloto siente en su trasero. Estos últimos indicadores han sido ambos parejos y constantes. Nivelamos a 11,500 y cruzamos sobre el aeropuerto de Florencia, Gustavo Artunduaga, y seguidamente Larandia, una base del Ejército Colombiano que me tocó visitar a menudo volando con EHA. Me hago una nota mental de que estamos sobrevolando territorio considerado como hostil. Fue aquí donde en marzo de 2002, el grupo guerrillero FARC secuestró a Ingrid Betancourt y a su copartidaria, Clara Rojas. Posteriormente, el 13 de febrero de 2003, las FARC capturó a tres civiles estadounidenses contratados por el Plan Colombia al estrellarse su avión.

Un montón de memorias se apoderan de mi mente relacionados a esos vuelos por esta región. Una llamada de la torre de Larandia pidiendo posición, altitud y tiempo en ruta para la próxima posición me saca rápidamente de esos recuerdos. Damos nuestro estimado al próximo punto que será el VOR de Tres Esquinas, que sirve a la base de la Fuerza Aérea Colombiana, Coronel Ernesto Esguerra, cerca de la frontera colombiana – ecuatoriana en el Departamento de Putumayo. Volando hacia el sureste, tenemos el sol de la mañana casi de frente, pero las condiciones son visuales con pocos cúmulos por debajo. A Puerto Leguízamo, comunidad que también me tocó conocer pero que no quedó en mi lista de querer volver a visitar, reportamos nuestra posición sobre el VOR con la torre de Tres Esquinas, ya que en el aeropuerto de Puerto Leguízamo, Caucayá, no hay torre de control.

Me siento cómodo y a la vez con marcado entusiasmo pues pronto estaremos sobrevolando parte de la región amazónica colombiana que no conozco pero que después de haber leído el libro del pionero de la aviación colombiana, Herbert Boy, Una historia con alas, quedé cautivado por conocerla. En estas memorias, Boy narra sus experiencias durante la guerra colombo-peruana en los años 30. Mi entusiasmo se desborda y busco afanadamente divisar Puerto Boy, que fue bautizado en su honor.

Sé que debe quedar por debajo de donde volamos, en las orillas del río Orteguaza, que aunque lo diviso con su caudal chocolate y merodeando sigilosamente en medio de la selva, no lo logro ubicar. Debí haber obtenido las coordenadas geográficas cuando pude. Me dedico a apreciar la inmensidad de la belleza de la selva.

La torre de Tres Esquinas nos pasa a comunicarnos con Control Villavicencio. Intentamos pero no logramos comunicarnos con ellos por lo que solicitamos a un avión de la Fuerza Aérea Colombiana en frecuencia que nos hiciera un puente con Villavicencio y le informo nuestra posición y estimado al próximo punto de reporte que es la posición Rolus. Todo bien, en unas cuantas horas más de vuelo debemos estar aterrizando en Tabatinga.

Mentalmente empiezo a practicar las pocas frases de portugués brasileño que conozco. Ya vamos todos relajados y conversamos trivialidades, especialmente los argentinos. Leandro habla del recibimiento que le tienen planeado en la finca en Bahía Blanca que contará con un asado estilo pampero y José del mate que tomará cuando arribe a su terruño ya que tiene más de un mes que salió de allá a trasladarse con el Mooney desde los EUA. Todo bien... En eso, no sé si José o Leandro me alerta sobre la oscilación en el indicador de presión de aceite. Inicialmente no me explico el porqué de la alarma, pues la aguja está visiblemente entre el arco verde y el amarillo, y eso no es anormal.

—¿Cuál es el problema? Si la aguja está en rango —pregunto y afirmo con conocimiento.

—¡Es la oscilación! —se apresuran ambos a decirme simultáneamente.

Mientras ellos discuten sobre la gravedad o no de esta anomalía, yo saco mis cartas obsoletas que traje de Panamá para ver si ubico alguna pista cerca de nuestra posición. La frontera peruana está a la derecha pero fuera de consideración. Una incursión en su territorio nos acarrearía grandes problemas. En Cali, Harry nos habían insistido que bajo ninguna circunstancia sobrevoláramos territorio peruano. Los peruanos tienen su historial de primero derribar aviones no identificados y hacer preguntas posteriormente. Así que la única opción es regresar a Puerto Leguízamo que quedó atrás a unas ochenta y cinco millas náuticas.

—Dale vuelta para Puerto Leguízamo —le indico a Leandro, que está volando—. ¡Gira 180° ya!

Ellos siguen discutiendo la causa de la oscilación pero en ese momento no me interesa la causa. Ahora entiendo que la bomba de presión de aceite está cavitando, o sea, está succionando aire porque no hay suficiente aceite en el reservorio. No me interesa en estos momentos por qué está cavitando sino los efectos de esa cavitación. Sin aceite, cero lubricación, sin lubricación, se tranca el motor y ¡se para!

Le advierto a Leandro que mantenga altitud. En estos casos es lo primordial pues nos permite un mayor alcance de planeo y una mejor opción para un aterrizaje forzoso.

El río Putumayo ahora lo tenemos a la izquierda, pero no se ven ni embarcaciones ni poblados en ninguno de las orillas del río. Al estar a unas diez millas de Puerto Leguízamo, iniciamos el descenso para intentar localizar la pista, que recuerdo está como a cinco millas del VOR. La ubicamos y descendemos. Como no hay torre de control anunciamos nuestras intenciones por radio por si acaso hay otras aeronaves operando en el área y rápidamente aterrizamos. Ya en tierra apagamos el motor y dejamos que el avión siga rodando sin propulsión hasta que se para a media pista. Una vez detenido el avión, nos quedamos los tres sentados sin hablar, cada uno con su pensamiento, hasta que reaccionamos y salimos de la cabina y empezamos a empujar el avión el resto de la distancia hasta la rampa enfrente de una escueta galera que sirve de terminal. Las miradas de sorpresa de parte de algunas personas en la pista que nos ven empujando el avión no se dejan esperar.

Después de discutir lo recién ocurrido entre nosotros, verificamos el contenido de aceite y notamos que solo nos quedan cuatro litros de aceite, lo que significa que hemos perdido ocho litros desde que salimos de Cali esta mañana. Ahora sí me interesaba saber el porqué.

Revisamos la parte inferior del avión y por lo manchado que está la barriga, está claro que el aceite se escapó por el respiradero del motor. José hace un análisis rápido y nos asegura que la causa es demasiada presión en el reservorio causando que el aceite se *ventara*, jerga argentina del inglés *vent*.

—Bueno, acepto la teoría —le respondo—, pero ¿por qué esa presión alta en el reservorio?

—Debe ser que es que la compresión de uno o más cilindros se fuga a través de los anillos del pistón, aumentando la presión en el reservorio, y forzando el aceite por el tubo de ventilación —dice José.

Aquí, me hago una nota mental de que el daño en David fue precisamente eso, un cilindro con baja compresión. Ahora nos encontramos varados en un lugar sin servicios mecánicos a la vista, sin herramientas o instrumentación apropiada para confirmar o desaprobar esta teoría de José.

Ya se ha reunido un grupo de curiosos y al rato, la policía. Entre la muchedumbre, destaca Miguel, que se ofrece para asistirnos en lo que sea. En ese momento, aún no logro apreciar la gran ayuda que resultará el apoyo de Miguel en esta etapa del viaje.

Así las cosas, Leandro o José, no estoy seguro cuál, se le ocurre que para limitar la cantidad de aceite *ventado*, la solución sería recortarle cinco pulgadas al tubo del respiradero en el extremo ubicado dentro del reservorio. De salida la considero una hazaña descabellada, pero la insistencia de estos dos es tanta que accedo. Si bien en la documentación yo aparezco como piloto al mando, en realidad mi presencia se debe a mi licencia de la FAA que es requerida para legalizar el vuelo. Leandro es el dueño y José el mecánico, y esto de cierta manera me hace considerar sus ideas. Hasta cierto punto. Al momento aparece Miguel en su moto con una persona poseedor de unas cuantas herramientas traídas en un bolso de tela, como resultado de la solicitud que nos consiguiera herramientas en el pueblo. Inmediatamente Leandro y José se abocaron a la tarea de sacar el tubo, mientras yo sirvo de enlace con las autoridades que cuestionan nuestro arribo no anunciado.

Después de varias horas de improvisaciones y modificaciones a las herramientas prestadas, se logra sacar el tubo y Leandro se va en motocicleta con Miguel a un taller para cortarle las famosas cinco pulgadas para achicarlo.

La instalación toma menos tiempo que la sacada, pero entre eso y conseguir aceite lubricante y combustible, ambos de automóvil, pues no hay de aviación, nos coge el atardecer. Logramos hacer un vuelo de prueba de quince minutos sobre la pista y al aterrizar revisamos posibles fugas y no detectamos aceite en la barriga. Parece que el arreglo funcionará. La policía nos asigna una patrulla que nos acompaña en todo momento, ya sea a buscar hotel, a cenar y hasta para caminar por la plaza del pueblo. No sabemos si por nuestra protección o por sospecha de que andamos en asuntos turbios. El asunto es que más serviciales no pueden ser.

Nos ubicamos en el Hotel Cano en el centro del puerto. Después de acomodarnos y asearnos, lo primero que hacemos es intentar comunicarnos con Harry en Cali para informarle de nuestro predicamento y que avise a las autoridades pertinentes para evitar se organizará una búsqueda pues ya deben tener información que nunca arribamos a Tabatinga a la hora estimada. La escolta policial nos acompaña a cenar y si deseamos, a dar una "vueltica" por el pueblo, a lo que prudentemente rechazamos. Debemos estar temprano en el aeropuerto para la partida.

Esa noche, ya guardado y seguro en la habitación es cuando me pongo a analizar lo acontecido. No es que dude de la capacidad de José como mecánico, pero siempre me he regido por procedimientos en cuanto a la aviación se refiere, y esa solución de recortar el tubo del respiradero no me cala del todo bien. Y qué decir del aceite y gasolina de automóvil que se le echó para reemplazar lo consumido en vuelo. Yo llevo años utilizando gasolina de automóviles en mis aviones con la diferencia de que son motores de baja compresión y con una certificación suplementaria (*Supplemental Type Certificate*, STC) que autoriza hacerlo después de minuciosas pruebas de campo. El Mooney tiene un motor experimental de inyección al que no le conozco tal certificación. Me duermo con ese inquietante pensamiento en mente. No duermo muy bien.

Capítulo 44
Puerto Leguízamo

Día 3- Hoy domingo, 30 de diciembre 2012, Puerto Leguízamo amanece con una ligera llovizna y el cielo levemente encapotado con rayos de sol intentado penetrar la capa. A todo esto se le agrega el vapor que se levanta de la selva que nos rodea. Estimo el techo a unos 400 pies, no muy bueno para andar volando sobre la selva con un motor que nos ha indicado inconsistencias. Y qué decir del reporte meteorológico de ruta y destino. ¿Cuál reporte?

Bueno, pero ante todo, a desayunar. La escolta policiaca nos lleva al mercado que a esta hora está en pleno apogeo. Hay gente por todos lados y haciendo cola para conseguir una butaca en una de las muchas fondas. Lo que hay para escoger es más que todo fritangas. Estoy familiarizado con las arepas y almojábanas, pero lo demás es adivinar. Me decido por un café negro y una empanada redonda hecha de masa de plátano verde rellena con chicharrón y frita en aceite quien sabe de qué, probablemente de cerdo. ¡Uf! Después de comérmela me arrepiento. No es ni lo más saludable ni recomendado mucho menos antes de un viaje como el que nos espera. Saliendo del mercado le recomiendo a Leandro comprar un machete.

—¿Para qué? —pregunta, obviamente no familiarizado con esta útil herramienta del trópico ecuatorial.

—Para lo que sea —le respondo. En Panamá las autoridades aeronáuticas lo requieren en todas las aeronaves como parte del equipo de sobrevivencia. Me mira con escepticismo pero lo hace. Así que salimos con una docena de naranjas, agua embotellada y un machete o "espada" como de manera jocosa le han cogido llamarle.

Conocedor de la mentalidad de las autoridades en nuestra América Hispana, le pido a la escolta que me deje en el Cuartel de Policía para conseguir una carta del comandante de la sede donde consta el por qué, cuándo y cómo arribamos a Puerto Leguízamo y hacia donde nos dirigiremos. Me dejan en la comisaría y José y Leandro acompañados por la escolta policial siguen rumbo hacia el aeropuerto. Conseguir la carta me toma más de dos horas. Después de redactar la carta y corregir varias veces en computadora, se encuentran que la impresora no tiene tinta. Recurren a otro despacho para imprimirla, pero el omnipotente sello oficial no aparece. Con mucha paciencia espero hasta que se haya solucionado el problema. Nada cambia en nuestras latitudes. ¿Será la gran cantidad de plátano o yuca que consumimos, o simplemente herencia de la burocracia española? No sé, pero sé a ciencia cierta que estar armado de algún tipo de legitimidad es mejor que no tener nada. Los documentos membretados, sellados y con una firma fastuosa es sabido que emanan respeto.

De regreso a la pista, me encuentro con la tapa del avión removida y a José y Leandro haciendo pruebas de motor en tierra. No me gusta para nada este panorama.

—¿Y ahora qué? —les pregunto bajándome del mototaxi.

Me informan que habían hecho una prueba con una manguera transparente para observar la rapidez de la fuga de aceite. Después de mantener el motor prendido a potencia, a la media hora empezó nuevamente a *ventear*. El motor sigue botando aceite por el respiradero. La prueba de vuelo de quince minutos ayer fue demasiado abreviada para determinar eso. El tubo recortado no funcionó. ¡Obvio!

Se plantea otra alternativa: Mantener la potencia del motor reducida para disminuir la presión en el reservorio. Ambos me convencen de que es una deducción técnicamente aceptable y accedo a que hagamos un vuelo de prueba con potencia reducida pero de no menos de una hora para determinar exactamente la pérdida por hora de aceite. Así determinaremos si el vuelo que nos espera se podrá hacer sin riesgo. Les condiciono que de hacer el vuelo sea a Leticia en vez de Tabatinga, para revisar el avión en un taller aeronáutico, que sé que hay ahí.

Leandro y yo hacemos el vuelo de prueba, manteniendo la potencia a unas 19 pulgadas de *manifold* en vez de las 28 que normalmente usaríamos. Ascendemos a unos 5,500 pies y volamos círculos sobre el aeropuerto. A la hora aterrizamos y revisamos el consumo. Solamente habíamos consumido medio litro de los doce litros de aceite. Deducimos que en las tres horas de vuelo que nos tomaría llegar a Leticia, solo se perdería un litro y medio por *venteo* y nos quedarían diez y medio. ¡Listo! Nos vamos pues.

Pero mientras se consiguen el litro de aceite perdido y la gasolina consumida, tarea que nos toma bastante tiempo acarreando el combustible en tanques de cinco galones en motocicleta, nos agarra media tarde y el clima se empieza a deteriorar. Tomo la decisión, bajo quejas de los dos, de posponer el viaje hasta mañana. Tabatinga, siendo nuestro alterno, cierra a las seis de la tarde y eso no nos da un suficiente margen de flexibilidad por posibles desvíos causados por mal tiempo que podamos encontrar en Leticia. No contamos con reporte de pronóstico climatológico ni de ruta ni de destino. Me toca argumentar esta decisión con firmeza, pues ambos están ansiosos por continuar y así llegar rápidamente a casa. No están analizado con mensura nuestra situación. Pero como piloto al mando de este vuelo, aunque sea solamente en papel, basándome en mi criterio formado por experiencia, ejerzo esa potestad y me mantengo.

—No salimos hasta mañana.

Con algo de decepción, regresamos al mismo hotel a los mismos cuartos ya que somos los únicos huéspedes. Hoy es 30 de diciembre y el personal del hotel está preparando lo que se servirá para la cena de mañana 31 de diciembre. ¡Lechona! Mi plato favorito. Convenzo a la cocinera que nos prepare unos chicharrones y los acompañamos con unas cervezas frías que mandamos a comprar. De postre, unos mangos maduros del árbol del patio del hotel y resulta ser que es la primera vez que tanto Leandro como José prueban uno. Ellos que son de diferente latitud que la del trópico[44-A] de nosotros, donde el mango es abundante y accesible, no lo conocen.

Después de tan especial vianda, nos dirigimos al pueblo que está prendido preparándose para el año nuevo. La gente en ambiente de fiesta, las calles llenas de transeúntes, motos por todos lados, música bailable saliendo de cada establecimiento y una noche estrellada. Las veces que me tocó sobrevolar Puerto Leguízamo jamás me pasó por la mente que pudiese ser un pueblo o ciudad con tanta actividad como lo que estoy viendo. No sé cuál es la economía de esta región ya que del aire no se ven campos de agricultura ni potreros para ganadería y más bien está rodeada por selva y más selva. Sus vías de comunicación son por aire, dos vuelos de Satena por semana y la fluvial consiste en catorce horas río arriba hasta Florencia o diez días río abajo hasta Leticia, pero sobran las tiendas, restaurantes, discotecas y bares. Decido mejor dejar esa incógnita y no buscar razón de ese auge.

El espíritu de fiesta es contagioso pero nuevamente, hay que acostarse temprano para el vuelo de mañana. ¿Qué será lo que nos depara el destino?

Capítulo 45
Refugio selvático

Día 4- Lunes 31 de diciembre 2012. Nuevamente amanece el día lluvioso con nubarrones grises y un cielo entristecido. Nos dirigimos al mercado a desayunar pero esta vez pido solamente café con unas arepas de maíz, aprendiendo la lección de ayer con las bolas de chicharrón en masa de plátano. En la fonda nos reconocen y el servicio es rápido y cordial. Estamos ansiosos de llegar al aeropuerto. No queremos recibir el año nuevo en Puerto Leguízamo. Nuestra escolta policial nos pasa a buscar al mercado y nos lleva al aeropuerto donde nos encontramos con Miguel, quien sabiendo de nuestros planes de zarpar hoy temprano, se ha apersonado para ofrecer sus servicios de apoyo. Mientras Leandro y José hacen los preparativos al avión, me dedico a revisar la ruta tendiendo las cartas de navegación sobre el ala del avión y recalculando los tiempos y consumo de combustible y demás. No es mucho lo que puedo hacer ya que no tengo reportes de dirección y velocidad de vientos a distintas alturas, ni los pronósticos meteorológicos en ruta y destino que ayudan al piloto a planificar su vuelo. Compenetrado estoy cuando se acerca Miguel y se pone a observar lo que estoy haciendo. Me comenta que él está acostumbrado a ver mapas donde aparecen ríos, montañas y poblaciones, pero con este que estoy estudiando no logra descifrar nada. Con paciencia le explico que significan esas líneas, que se pueden comparar con autopistas en el espacio para aviones y la información es referente a rumbos y altitudes mínimas para cruzar con seguridad sobre el terreno, información de aeropuertos tales como largo de las pistas y elevación y frecuencias de radio de comunicación y navegación, más un sin número de datos relacionados a la planificación de un vuelo. Él mira la carta con detenimiento y veo que capta todo lo explicado y me pide que le indique la ruta que seguiremos. Con mi mano trazo una trayectoria sobre la carta de izquierda a derecha, de canto a canto, a lo que me dice: —Capitán, ¿usted sabe que entre aquí y Leticia no hay nada más que selva. No hay aeropuertos ni poblados en esa ruta. La pista más cerca le queda bien al norte de su trayectoria como a cien kilómetros.

De repente me acuerdo del mapa de esta región que había traído de mi hangar que detalla ríos, límites fronterizos y niveles topográficos. Busco en mis pertenencias de viaje y lo sustraigo. Lo abro encima del ala y le pregunto: —Miguel, ¿y usted está familiarizado con la región?

—Pues mire, yo nací y me crié en el Putumayo y llevo veintidós años trabajando en este aeropuerto y oigo los cuentos de los pilotos que llegan por aquí. Aunque no conozco los lugares, sé dónde quedan. Araracuara es la única pista en toda esta selva entre Leguízamo y Leticia. Y está bien metida en la selva, pero está en territorio colombiano. Ni se le pase por la mente entrar al Perú.

Conozco a lo que se refiere Miguel en cuanto a sobrevolar territorio peruano. En 2001, una aeronave civil, un monomotor anfibio operado por un grupo misionero fue derribado por la Fuerza Aérea Peruana durante un vuelo sobre la selva amazónica. El resultado de la investigación que llevaron a esta acción salió a la luz pública diez años después de los hechos e involucraban a elementos y agencias antinarcóticos de los EUA y Perú. Conclusión: Reacción apresurada y letal sin confirmación ni identificación de la aeronave. Al buen entendedor pocas palabras, pienso.

—A ver si me puede indicar en esta carta dónde exactamente queda esa pista Araracuara.

Miguel estudia la carta y empieza a ubicarse siguiendo con su dedo el desplazamiento que le había indicado desde Puerto Leguízamo hasta Leticia y me dice: —Vea usted, Capitán, aquí es. Aquí queda la pista de Araracuara, pegada al lado del río Caquetá que separa los Departamentos de Caquetá y Amazonas. Allí hay un destacamento militar.

Con mi bolígrafo circulo el lugar que me indica y obtengo las coordenadas de la carta para programarlas en el GPS del avión. A la vez, veo que hay un faro ADF y anoto la frecuencia, pues el Mooney cuenta con un receptor ADF. Anoto ambas informaciones en mi libreta de vuelo y la guardo en el bolsillo de mi camisa. Le doy las gracias a Miguel y me dirijo donde están Leandro y José poniéndole la tapa al motor y asegurándola.

Siento cierto recelo en emprender este vuelo pues a todas luces no está dentro de los parámetros de seguridad ni legalidad. No hemos podido ni siquiera presentar un plan de vuelo, estamos vencidos en cuanto a tiempo de tránsito por territorio colombiano, no tenemos información climatológica, estamos usando combustible y lubricante no aprobados por el fabricante del motor, en fin, una osadía ni más ni menos. Aunque hicimos un vuelo de prueba de una hora que no reveló anomalías, no estoy del todo conforme con esto. A las nueve de la mañana con un cielo quebrado, despegamos llenos de optimismo y algo de recelo de mi parte. Pero tengo claro que el descuido y la sobre confianza son generalmente más peligrosos que un riesgo deliberadamente aceptado.

El ascenso es lento a esta potencia pero al estar la mañana fresca, ese factor permite al avión ascender sin mayor esfuerzo. Nos toma treinta minutos subir hasta 5,500 pies. Nos encontramos sobre una capa de nubes dispersas pero con pleno contacto con el terreno pues se aprecia el río Putumayo a nuestra derecha, que nos acompañará en la mayor parte de la travesía. Al otro lado, territorio peruano. No le quito la mirada a los instrumentos, especialmente a la presión de aceite y todo está normal.

Al alcanzar y establecernos en nuestra altitud de crucero, intento contactar algún avión en el área, pero nada. Tampoco las torres de control de Tres Esquinas ni Villavicencio, ni Amazonia nos responden. Ni modo, no hay de otra más que seguir adelante. No deja de pasar por mi mente que nadie, excepto Miguel y los policías que nos sirvieron de escoltas, conoce de nuestras intenciones, ni a qué hora despegamos ni hacia dónde nos dirigíamos. Solamente nosotros tres conocemos dónde nos encontramos al momento. Nada tranquilizante.

Leandro viene escuchando música en su iPod, pero de reojo mirando los instrumentos. José desde atrás tampoco despega su mirada de los instrumentos. Llevamos cuarenta y cinco minutos de vuelo y para mantenerme ocupado y dejar de concentrarme en los instrumentos, decido introducir las coordenadas del sitio donde debe quedar la pista de Araracuara que me había indicado Miguel. No del todo familiarizado con este GPS, y debido a su ubicación en el panel de instrumentos, a mi izquierda y por debajo, se me hace difícil introducir las letras y números de las coordenadas: 00° 36' 06" S / 72° 24' 01" O. Estamos muy cerca de la mitad del mundo, el ecuador. No logro introducir las coordenadas en el GPS correctamente. Me siento frustrado y decido en vez, introducir la frecuencia del ADF de Araracuara que son únicamente tres números: 453. Eso sí es fácil pues estoy familiarizado con el aparato y es cuestión de segundos y ya está. Inmediatamente la aguja despierta y apunta a la izquierda casi a 90° que significa que en este momento estamos pasando lateral a Araracuara. El reloj del panel de instrumentos indica que llevamos una hora de vuelo. Qué bien, ya nos queda menos.

De repente José y Leandro notan una breve oscilación en la aguja del instrumento de presión de aceite. Se ponen a ponderar si la oscilación es significativa o no, o si no sé qué cosa u otra.

Los interrumpo y le digo a Leandro: —Gira a la izquierda y sigue la aguja del ADF —Veo incertidumbre en su rostro al darle esta instrucción pues no le he dado razón de ello—. La aguja apunta a la pista más cercana y debemos dirigirnos allá inmediatamente.

—¿Qué pista, de que hablas? ¡No debemos salirnos de la ruta! Sigamos hacia Leticia —argumenta Leandro.

—Sí, no nos salgamos de ruta —interviene José—. Mejor devolvernos a Puerto Leguízamo, está más cerca que Leticia.

—¡No! Estamos más cerca de Araracuara. ¡Vamos hacia allá! ¡Leandro, sigue la aguja del ADF! —le digo enfáticamente.

Leandro reacciona y gira el avión directamente a la izquierda siguiendo la aguja del ADF. Se produce un silencio sepulcral en la cabina.

—Mantén la altura hasta ver la pista. Debe estar al lado de un río como a unos veinte minutos.

Intento nuevamente comunicarme con alguien en todas las frecuencias del área y nada. Transmito en la frecuencia internacional de emergencias, 121.5, y tampoco nada. Inserto la clave 7700 de emergencia en el transpondedor, por si acaso algún sitio de radar logre captar nuestra señal de socorro. No hay nada que hacer más que esperar. Ya han pasado diez minutos. Por el ADF sabemos en qué dirección queda Araracuara pero no la distancia ni el tiempo de arribo. Ni siquiera sabemos exactamente donde estamos. Si hubiese programado el GPS a tiempo no estuviéramos con esta incertidumbre porque sabríamos la distancia y tiempo para arribar, pero igual de fregados estaríamos. Muy tarde para lamentarse de eso.

—¿Abracadabra? ¿De dónde sacaste esa información? A qué distancia estamos de ahí? —pregunta de manera intensa Leandro.

—A-ra-ra-cua-ra. Hablando con Miguel justo antes de despegar. Es nuestra única oportunidad. Debemos estar a unas veinticinco millas. Sigue la aguja.

Me sobreviene una sensación de duda sobre todo esto. Un río en medio de la selva, en este caso el río Putumayo no es garantía de seguridad, pero alejarse de él y adentrarse más en la selva desconocida no tranquiliza. El río representa un hilo de contacto con algo. Característicamente en la selva las poblaciones apartadas quedan al margen de los ríos. Pero Miguel me aseguró que no hay nada en este trecho del río Putumayo, hasta que desemboca en el río Amazonas en Leticia. Con todo y eso, siento que estamos dejando atrás cierta protección adentrándonos en la selva de esta manera. Y bajo decisión mía. ¡Mierda!

En eso, una vibración en el motor. ¡Y eso! ¿Se está parando? Los tres nos quedamos estupefactos. Un motor siempre avisa de alguna manera u otra que se va a parar y ya lleva dos avisadas, en David y en Puerto Leguízamo. Esta vibración no es nada bueno. Por instinto deslizo la silla hacia atrás al máximo y me aprieto el cinturón de seguridad. Comienzo a asegurar todos los objetos sueltos encima del panel de instrumentos que pudiesen causar daños al rostro en una parada repentina y le indico a José que haga lo mismo en la tablilla detrás de su asiento. Me siento impotente de lo que está pasando. Es raro, pero no tengo remordimientos de haber emprendido este viaje. ¿Quería aventura? Pues aquí la tengo. No hay más nada que hacer que esperar a ver que pasa con el motor. Un aterrizaje de emergencia en media selva sin que nadie tenga la más remota idea de dónde empezar a buscarnos, ni siquiera de que estamos desaparecidos, no conlleva a nada bueno. Miro hacia abajo y no se ve más que selva. Nada de poblados, ni ríos, ni ganado, ni caminos, ni trochas. Repentinamente, se normaliza el motor. Deja de vibrar y su rugido es normal.

—Ya debemos estar cerca del río, empieza el descenso.

—Allá, a la izquierda se ve un río —grita José.

—Sí, ese es el río, la pista debe estar paralela al río. Pero sigue la aguja, directo —exclamo con algo de alivio.

—¡Ya la veo, ya la veo! —exclama Leandro mientras prepara el avión para un aterrizaje, reduciendo potencia y bajando tren de aterrizaje y seleccionando 10° de *flaps*. Hace un giro a la izquierda para alinearse con la pista, pero viene muy alto y caliente y ya casi llegando, decide irse al aire.

—¿Qué haces? ¡Métselo, no te vayas al aire, la pista es larga! ¡Métselo con un *saidslip*! —le grito.

No me hace caso y se va al aire para intentar otra aproximación. Ahora sí que por primera vez siento temor. Le estamos pidiendo mucho al motor agregándole máxima potencia mientras damos la vuelta para volver a enfilarnos con la pista por el lado contrario. Esta maniobra nos tomará dos o tres minutos, que pueden exceder el tiempo que le queda al motor para seguir funcionando. La pista está rodeada de selva y de tener que arborizar aunque sea cerca de la pista, encontrarnos sería cuestión de suerte, si es que nos buscan, pues nadie nos está esperando aquí. ¿Qué le dio por irse al aire ahora, en esta situación crítica? La vuelta que da parece interminable, pero el motor responde, aunque la aguja está oscilando más que nunca. Está cavitando. Está chupando aire en vez de aceite. La única oportunidad es que no se tranque en esta aproximación hacia la pista. Mi respiración es lenta y profunda, mi boca está seca. Bien seca, algodonada.

El tiempo se desacelera a un paso lento. Estoy muy consciente de todo lo que veo abajo de nosotros. Recuerdo haber leído que este efecto, distorsión temporal, es un fenómeno perceptivo que se experimenta cuando se enfrentan situaciones que amenazan la vida.

Ya iniciando el giro para enfilarnos con la pista, entrado por el lado opuesto a nuestra dirección en el primer intento, miro hacia abajo y veo algo que me saca del estupor y ansiedad. Es una caída de agua de más de 100 metros en medio del río. Es como si el destino me está regalando un espectáculo maravilloso antes de traerme a la realidad de la situación que estamos por enfrentar. Me tranquilizo sin saber por qué. De repente siento que el Mooney toca tierra. Rueda a alta velocidad, brincando sobre la pista de cascajo haciendo un gran ruido. Siento el rugido del motor silenciarse, pero no sé si es Leandro que lo apagó o si se apagó solo, pero no me importa. Estamos en tierra.

Nos quedamos los tres sin decir una sola palabra, como dejando que la situación cale bien en nuestros pensamientos. A cabo de un rato, abro la puerta y salgo del avión, seguido lentamente por Leandro y por último José. Lo que tenemos a primera vista es un panorama desalojado y deprimente. La pista con huecos encharcados y rodeada de selva. Se acercan hombres armados con fusiles automáticos y vestimenta de camuflaje. Se percibe un edificio que parece ser un hangar abandonado y varias torres que debe ser de la antena del ADF y de comunicaciones y al lado una antena de radar y por último una torre de observación como esa que se ven en campos de concentración. De esta torre sobresale un cañón que parece ser de una metralla calibre 50. Aunque Miguel me había dicho que Araracuara era una base de avanzada del Ejército Colombiano[45-A], por unos segundos me pasa por la mente: ¿Y si son FARC?

Capítulo 46
Resignación y determinación

Día 4 continúa- Por los uniformes me percato con alivio que son soldados del Ejército Colombiano. Nos rodean inmediatamente y creo que están más sorprendidos que otra cosa. Empiezan a indagarnos: —¿De dónde vienen, para dónde van? —Más parecen ser preguntas de curiosidad que de procedimiento militar.

Le pedimos ayuda para empujar el Mooney hacia una losa de concreto deteriorada que parece ser el área de estacionamiento. Acceden con entusiasmo. Parecen estar dispuestos a todo con tal de romper la monótona rutina de vigilancia en medio de la selva. Siguen las preguntas: —¿Cuánto cuesta un avión como éste, de que país vienen, dónde puedo comprar un reloj como ese, qué marca es?

El parche que traen en su uniforme los identifica como del Batallón de Infantería de Selva N-50. La mayoría pareciera no pasa de dieciocho años. Todos quieren tomarse fotos con nosotros en frente del Mooney. Después de tomarnos individualmente los datos, el soldado de más rango, un sargento, nos deja para ir a informar a su superior, el teniente encargado del batallón. Al poco tiempo, empiezan a aparecer lugareños atraídos por el suceso y los perros que nunca faltan en los acontecimientos como este: un avión nunca visto antes con personas foráneas. Empiezan las preguntas de siempre.

Aprovechamos para revisar el motor. Al medir el aceite en el recipiente nos encontramos que está vacío. ¡Hemos perdido doce litros de aceite en hora y media de vuelo! ¿Cómo es posible que el motor no se trancó por falta de lubricación? José afirma que en todos sus años de mecánico, jamás había visto u oído de un motor seguir funcionando sin lubricante.

Cae un fuerte aguacero, pero a los minutos, escampa y sale el sol. Al rato regresa el sargento con instrucciones que debemos presentarnos al cuartel del batallón ante el teniente Higuera, el encargado mientras el mayor está en misión oficial en Bogotá. Acordamos que iré yo mientras Leandro y José se quedan con el Mooney. Dirigiéndome al cuartel, me llama la atención las latas vacías guindando a todo lo largo de la cerca de alambre de púas alrededor del complejo. Sé que es una medida rudimentaria como alerta contra intrusos. Paso al lado de unas torres de unos 15 metros de alto donde están de turno dos soldados con nada menos que ametralladoras calibre 50.

Al llegar a la entrada principal, me hacen esperar afuera hasta que salga el teniente Higuera. Estando ahí, noto que toda persona no uniformada que pasa por enfrente del puesto de vigilancia es requisado y sus documentos escudriñados.

—Pues mire, es que aquí hay mucha guerrilla y si uno parpadea se le pueden colar —me contesta un soldado al que le pregunto—. Éste es un paso obligado y todos deben por fuerza transitar por aquí ya que el Cañon del Diablo, un estrecho rocoso y profundo, impide transito continuo por el río.

¡El Cañon del Diablo! Eso fue lo que vi en la aproximación cuando me entró esa sensación de resignación momentos antes de tocar tierra.

Al rato sale el teniente con unas tres hojas para que firmemos. Sospecho que la tardanza en aparecer se debe a que estaba solicitando instrucciones del comando central del batallón, que me entero queda en Leticia. Hay comunicación tanto por radio de Alta Frecuencia como celular. Me explica que estamos en una zona de conflicto por lo que debemos acatar los reglamentos del batallón en cuanto a seguridad. Nos ha conseguido alojamiento en la estación de radar de Aero Civil y el batallón nos proveerá los alimentos mientras arreglemos nuestro problema con el avión. La nota membretada con el logo del batallón, un guacamaya volando sobre la selva, contiene nuestro compromiso de limitarnos a transitar desde nuestro albergue, que está dentro del complejo militar hasta pista de aterrizaje donde está el avión. No estamos permitidos abandonar el complejo entre las seis de la tarde y las seis de la mañana. Y por último, la nota puntualiza que el Ejército Colombiano no se hace responsable por nosotros de suscitarse un caso fortuito donde resultemos o heridos o muertos o secuestrados por causas de estar en el área de conflicto. ¡La cosa es en serio!

Me despido llevado las otras dos cartas para que las firmen Leandro y José. No sé si sentirme animado o desalentado con lo que acabo de escuchar, pues aunque tenemos techo y alimentos asegurados, no me cuadra la idea de estar en una zona de conflicto. Una cosa es sobrevolar zonas de conflicto y otra es estar en medio de ella. Según lo que me informó el teniente, en 2010, el destacamento de diez policías de Puerto Santander en la otra orilla del río en el Departamento de Amazonas, fue atacado y aniquilado por las FARC la noche de año nuevo y desde esa fecha no hay policía en el pueblo. Es un caserío sin autoridad alguna, ya que el ejército no ejerce esas funciones. Más razón para no aventurarnos fuera del área restringida.

Al llegar a la pista, me encuentro a Leandro y José haciéndole ajustes a la bomba de presión de aceite para que produzca menos presión en la cámara de potencia, y así evitar que se *ventée* demasiado aceite. Me quedo pasmado oyendo los planes conjurados por estos dos, que obviamente es el resultado de una alta dosis de adrenalina que se produjo en sus sistemas durante la emergencia. No están pensando bien.

—¿Y qué aceite piensan que vamos a usar, si no tenemos ni una gota? —pregunto yo como si esa pregunta hará que desistan de su plan insólito.

—Nos han dicho que al otro lado del río en Puerto Santander venden aceite para motores fuera de borda, y ya mandamos a comprar tres galones. Y gasolina tenemos suficiente —me responde Leandro.

—¿Están locos o qué? —pregunto incrédulo ante tal disparate—. Ese aceite es el que se mezcla con gasolina y se usa en motores de dos tiempos para lubricación, nada que ver con aceite para motores de aviación. ¡No, nada que ver!

—No, pero fíjate, Ibu, adicional le vamos a abrir un pequeño hueco a la tapa del relleno de aceite del motor para aliviar la presión y a la vez le abrimos un hueco a la cubierta del motor para introducir una manguera de plástico transparente que conectaremos al respiradero y así poder ver si bota aceite. Si sigue botando, nos regresamos, si no, seguimos.

Con esto último, reacciono de manera energética: —Oigan, oigan. Un momento. Recapacitemos. Estamos en medio de la selva, en territorio hostil, una zona de guerra, sin plan de vuelo, nadie sabe de nosotros, y con un motor que se ha cansado de avisarnos que algo no anda bien, ¿y ustedes dos aún piensan continuar? ¿Qué les pasa? Este avión de a vaina nos trajo hasta aquí. ¡Ya, aquí nos quedamos. Punto. No me jodan. Por favor!

Doy media vuelta y me dirijo al otro lado de la pista y los dejo solos. Al rato se me acerca José y me dice que habían considerado lo expuesto y que sí, que tengo razón. Van a contactar a la fábrica del motor para ver que les dicen. No se seguirá hasta tener un motor nuevo o éste reacondicionado.

Parece mentira, pero todo este acontecimiento se ha dado en un período de unas cuantas horas desde que partimos esta mañana de Puerto Leguízamo. Ya es mediodía y vemos a los soldados dirigirse al recinto militar y nos dicen que es la hora de almorzar. En realidad, ninguno de los tres, aún afectados por la situación, tenemos hambre por lo que cortésmente declinamos y nos quedamos discutiendo las opciones que nos quedan en cuanto al avión averiado. De salida, el motor se tiene que desmontar, sea para mandarlo a reparar o para ponerle uno nuevo. Dos incógnitas surgen. ¿Adónde lo mandamos y cómo lo transportamos hasta allá? Los soldados ordenados a que nos acompañen al oírnos discutir las posibilidades de si embarcarlo vía fluvial ya sea a Florencia o Leticia nos dicen que está por llegar el vuelo mensual de suministro que viene de Bogotá, pero no saben ni cuándo ni qué tipo de avión es, aunque dicen que es grande.

Le informo a Leandro y a José sobre lo acontecido con el teniente Higuera y de la impresión que me dio de ser una persona accesible y que nos pudiese cooperar. Y que en Bogotá hay talleres de primera en reparación de motores de aviación. Los veo un tanto escépticos ante esta última aseveración. Al haber comunicación celular e Internet, nos permite asesoramiento para lo que nos ocupará en los días venideros. Inmediatamente llamo a Fernando Salazar, amigo y colega colombiano radicado en Panamá, para su apoyo en contactar algún taller en Bogotá. Él se compromete a establecer los nexos con el taller Aero Reparaciones y les pedirá que nos contacten. Por primera vez desde nuestro dramático arribo, siento alivio. No han pasado ni treinta minutos cuando nos llama Uriel, uno de los dueños de Aero Reparaciones donde nos ofrece su apoyo y cooperación en lo que solicitemos. Nos dice que ellos pueden abrir el motor para inspeccionarlo y darnos el diagnóstico si se puede reparar o si se requerirá un motor nuevo. Sin embargo, nos dice que siendo mañana el primer día del año nuevo, en todo Colombia es festivo hasta el 3 de enero. ¿Año Nuevo? Ni siquiera me acordaba que era el 31 de diciembre. ¿Qué hago yo aquí en media selva amazónica en un día como hoy?

Capítulo 47
Año Nuevo distinto

Día 4 continúa- Ya con la posibilidad de contar con un taller para revisar el motor, decidimos trazarnos un cronograma a seguir. Ante todo, debemos hablar con el teniente Higuera sobre la posibilidad de que el avión de la FAC que trae suministros nos lleve junto con el motor a Bogotá. Yo me ofrezco a esa tarea mientras José rastreará donde puede haber herramientas adicionales para bajar el motor del fuselaje, ya que contamos únicamente con las que se modificaron y adquirimos en Puerto Leguízamo. Leandro se quedará sacando nuestros efectos personales del avión.

Al poco rato aparece José con una caja de metal llena de herramientas, que aunque no necesariamente de aviación, herramientas. Nos informa que las consiguió con Walter, el técnico de la Dirección de Aeronáutica Civil Colombiana (DACC) asignado a la operación y mantenimiento del sitio de comunicaciones y radar de Araracuara que está ubicado en una esquina dentro del complejo militar y rodeado por una cerca de ciclón. Y lo mejor de todo es que allí también encontró un aparejo a cadena y un pórtico de acero que nos podrá servir para levantar el motor de su bancada y sacarlo. Es la única manera pues el motor con sus accesorios pesa aproximadamente unos ciento cincuenta kilos. El pórtico tendrá que ser desarmado para sacarlo por la puerta, llevado a la pista a peso, armado nuevamente y después de usarlo, desarmado, transportado de nuevo a la caseta de los generadores y vuelto a armar. Sin duda alguna, necesitaremos ayuda adicional pues aun desarmado cada pieza pesa al menos ochenta kilos y son cuatro en total. Eso será para mañana. Ahora lo primero es bajar la hélice. Entre los tres nos abocamos a bajarla. Nos toma una hora y otra para cargarla a la casa donde la guardaremos. Conociendo de estas cosas, sé que hemos completado la tarea más fácil de todas. Falta lo más difícil, que es el motor en sí. Hablaré con el teniente para ver si nos facilita el uso de algunos soldados para que nos ayuden en la bajada del motor.

Organizamos todo para la tarea de mañana y nos dedicamos a asegurar el avión. Empieza a llover nuevamente por lo que tenemos que dejar de trabajar hasta que escampe. La lluvia es corta pero intensa, y el resultado es aún más lodo que nos dificulta el trabajo. Ya son las cinco y empiezan a picar los mosquitos.

Entre el estrés del vuelo esta mañana, los recurrentes chaparrones de lluvia, el vapor que sigue junto con el calor infernal, el esfuerzo de la bajada y transportada de la hélice, y la fatiga de no haber almorzado, estamos agotados. La casa asignada a nosotros es una de tres edificaciones de bloques de concreto dentro del complejo militar pero sin acceso al mismo. O sea, un encierre dentro de otro, que es la cerca perimetral de alambre púas. La casa está escuetamente amoblada con sala-comedor, cocina y dos recamaras con tres camas con colchones viejos de mucho uso. Hay una mesa de comedor pero solo una silla. La cocina está desprevista de todo. La sala sí contiene dos sillones grandes. Me toca una de las recamaras y Leandro y José la otra. Nos tendremos que bañar sin poder secarnos pues nadie tiene toalla. Pero bueno, a estas alturas, no hay justificación para queja alguna. Agradecidos debemos estar de tener un techo sobre nuestras cabezas y no el dosel de la selva.

Encuentro al técnico Walter algo esquivo con nosotros, pero deduzco que es porque no sabe ni quienes somos ni en qué andamos ni que nos traemos. No lo culpo. Es parco cuando nos explica el procedimiento para obtener nuestra comida que consiste en ir hasta la orilla de la cerca de ciclón. Al otro lado es donde están los comedores de los soldados y ahí los encargados de la cocina nos pasarán los alimentos por encima. El plato, la cuchara y la taza son todos tres de aluminio y será nuestra responsabilidad tenerlos disponible para cada comida, si no, no se come.

—El desayuno es a las seis, el almuerzo a las doce y la cena a las seis. En punto. Si no están ahí a tiempo, no comen —nos advierte Walter al despedirse y dirigirse a una casa donde supongo es la designada a los técnicos de turno en Araracuara.

Ya resignados a que pasaremos Año Nuevo aquí, nos acomodamos en nuestros respectivos cuartos y nos aseamos antes de ir a buscar la cena de hoy. Jabón tenemos pero nos toca secarnos al aire. Encuentro una hamaca en el closet y me apodero. Además de usarla para secarme, será mi cama mientras esté aquí. Nos acercamos a la cerca de ciclón y algunos de los soldados nos reconocen y saludan y eso me hace sentir bien. Debe ser que existe cierta afinidad estar atrapado en medio de esta vorágine. Ahora sí con hambre, ansiosamente esperamos hasta que nos pasen la comida por encima de la cerca. Un soldado ayudante de cocinero viene con los platos y cucharas de aluminio y nos los entrega.

—Vea pues, su merced, llegaron con suerte pues la cena de hoy es especial por ser el último día del año. Buen provecho.

No estoy muy seguro que es lo que nos ha tocado cenar. Está lloviznando y corremos a guarecernos hacia nuestro alojamiento. Al pasar por la casa de Walter, nos llama a que pasemos. Es una casa más amplia que la de nosotros, limpia, bien equipada con cocina que incluye refrigeradora y estufa. Nos ofrece usar su mesa de comedor y hace el papel de buen anfitrión. Agradecidos por la oportunidad de poder comer sentado en una mesa, nos acomodamos para esta última cena del año 2012: Una doble porción de arroz, otra grande de yuca, otra grande de lentejas, una pequeña porción de atún de lata y agua panela. Esa última cena la recordaré como la más significativa por el estado de ánimo que siento al momento. Un agradecimiento por estar aquí en este mundo.

Durante la cena, vamos conociendo más de Walter y viceversa y se va relajando el ambiente. Después de un rato de preguntas dirigidas a nosotros, pareciera que nos ha aceptado como personas genuinas en un predicamento en una tierra extraña. Nos revela que es un empleado civil de la DACC asignado a la rama especializada de las Fuerzas Armadas con responsabilidad de monitorear el tráfico aéreo de narcóticos y de armas en esta región selvática en los departamentos del Caquetá y Amazonas. Según nos cuenta, los vuelos del narcotráfico originan en Bolivia y Perú pero hacen escala en varios puntos de la selva colombiana ya sea para abastecerse de combustible o para descargar la pasta de coca para ser transportada vía fluvial a los laboratorios para convertirla en cocaína. También detectan algunos vuelos que transportan armas que originan en Centroamérica y tienen como destino el Frente 48 de las FARC que operan en el área. La primera pregunta que le hago es que si no había oído nuestras transmisiones en la frecuencia 121.5, que es la frecuencia internacional de emergencias, o si el radar nos había detectado cuando nos dirigíamos a Tabatinga, o cuando nos desviamos hacia Araracuara transmitiendo en el código 7700.

—Pues no. Hoy le tocaba dar mantenimiento a las plantas por lo que no había energía eléctrica ni para las comunicaciones ni para el radar.

Un escalofrió pasa por mi cuerpo al realizar que ni siquiera esta estación de intercepción nos hubiese detectado. Nos volteamos a ver los tres y seguimos comiendo. Confirmado. Nuestra única salvación fue lograr arribar a la pista de Araracuara esta mañana. Nadie, absolutamente nadie sabía nada de nuestro paradero y menos de nuestro predicamento.

Ya terminados con la cena de Año Nuevo, Walter nos informa que dentro del recinto de la cerca perimetral externa hay una tiendita donde se puede comprar entre otras cosas, cerveza. Presiento que es la señal de que ya se acabó la tertulia y que desea estar solo y que va a preparar su cena de Año Nuevo.

Rápidamente lavamos nuestros utensilios y nos vamos para la tienda a celebrar el acontecimiento del día: Estar sanos y salvos en tierra en Araracuara este último día del año 2012.

La tienda de la familia Cuellar se dedica a vender a los transeúntes por este paso obligado. La cerveza está caliente por falta de refrigeración y eso hace que la celebración acabe después de solamente libar una. Nos retiramos a nuestro alojamiento cada uno inmerso en sus pensamientos que sospecho son similares. Araracuara no era el lugar donde había pensado recibir el año 2013.

Como no hay donde guindar la hamaca que no sea afuera, me veo obligado a dormir en la recamara, sino los mosquitos me comen vivo. Me acuesto sin desvestirme con mi mochila de almohada y la hamaca de sábana. Sé por experiencia que las noches en la selva son heladas. Sin querer, me pongo a recapacitar de los sucesos que me han traído aquí. Siento ese escalofrío nuevamente, el que sentí por segundos cuando el motor vibró esta mañana y pensé que se iba a parar. En ese momento sentí resignación pero no temor. ¿Por qué? ¿Sería la fe en mi ángel de la guarda del cual me hablaba mi mamá de niño? No sé. Lo que sí sé es que ahora estoy sintiendo dudas en cuanto a mi proceder en haber llegado a esta situación. Hubo varias decisiones no bien determinadas que me pusieron en este predicamento, pero a la vez, algunas sí fueron atinadas. Por lo menos una, y esa fue la de dirigirnos a Araracuara apenas se detectó la emergencia. Gracias por eso Miguel. Posteriormente evaluaré este vuelo con calma para aprender de mis errores y afianzar mis aciertos. Todo irá a mi librito rojo donde llevo anotaciones de situaciones sobresalientes desde que empecé a volar hace más de cuarenta años.

¡Pum, Pum, Pum! ¿Qué son esas explosiones? ¿Estamos bajo ataque guerrillero igual que hace dos años? Salgo al portal de la casa y veo al otro lado de la cerca los soldados celebrando el acontecimiento. A la falta de fuegos artificiales, están detonando morteros para celebrar la venida del año 2013. Me quedo afuera admirando el cielo estrellado sin una sola nube y nuevamente reconozco que el destino me ha jugado una buena mano.

Capítulo 48
Pesadilla abortada

Días 5 – 11- Martes a lunes. Debe ser que mi cansancio al fin me venció aquella primera noche. Logré dormir una horas después de un aceleramiento mental que me absorbió reviviendo los momentos en que el motor vibró y cuando Leandro decidió irse al aire. Esas dos escenas se repetían una tras otra sin cesar. ¡Oye, ya son casi las seis de la mañana y el desayuno lo sirven en quince minutos! Encuentro a Leandro y José ya despiertos y listos para el desayuno que consiste en un trozo de yuca sancochada, una arepa de maíz, un trozo de raspadura y chocolate caliente. Nada mal en realidad.

Diligentemente nos organizamos para ver que avanzamos hoy. Nos toca desarmar el pórtico para llevarlo a la pista donde está el avión. Para el transporte necesitaremos de mano de obra adicional, por lo que me dirijo al cuartel a hablar con el teniente. Mientras tanto José y Leandro empiezan a desarmarlo. Mi visita con el teniente es fructífera ya que se compromete a consultar con el comando en Bogotá sobre la posibilidad de trasladarnos en el avión de suministros que debe estar por llegar en dos días. Supuestamente, pero no es seguro. Me informa que el avión es un carguero Hércules C-130. En cuanto a los soldados, también se compromete a ver que se puede hacer al respecto. Al regresar con las buenas noticias veo que ya casi tienen el pórtico desarmado. Pero falta lo más difícil que es cargar las piezas los 150 metros hasta el avión, porque a pesar que tiene ruedas, es imposible rodarlo por este lodazal. No es hasta las dos de la tarde que terminamos el traslado. Logramos bajar el motor con ayuda de algunos soldados y el ingenio colectivo pues bajarlo y embalarlo requirió de eso. El machete que compramos en Puerto Leguízamo, a falta de serrucho, fue decisivo para cortar los retazos de madera que usamos para fabricar la caja donde metimos el motor para transportarlo.

No queriendo estar ociosos, aprovechamos y le expresamos nuestro interés de conocer el Cañón del Diablo al teniente Higuera. Accede pero nos manda con dos soldados de escolta. Al lado de la pista, entre matorrales descubrimos lo que son los restos de un Curtiss C-46 estrellado. Llegamos al borde del cañón y lo que contemplamos es algo espectacular. Al fondo se ve la caudalosa corriente con su rugido característico que fue lo que vi del aire cuando pensé que era un regalo divino antes de ir a rendir cuentas con el Creador.

Después de ese paseo, no nos queda otra que esperar a ver cuando llega el Hércules.

Llevábamos cuatro días de estar esperando el transporte, aburridos sin nada que leer excepto la carta de aproximación del aeropuerto de Leticia. Esos días restantes, me dediqué a instruir a Leandro cómo interpretarlas y volarlas de darse el caso. Ya se sabía la aproximación de memoria y hasta practicábamos en el patio caminando los distintos segmentos. Anunciaba a voz alta los descensos, mínimos, alturas de decisión y si hacía una aproximación frustrada, hasta imitaba el rugido del motor al aplicar potencia máxima. Todo memorizado según la carta.

Al cuarto día llegó un DC-3 carguero de Air Colombia a recoger pescado y traer suministros para Puerto Santander. Su próxima escala era Leticia. Consultamos entre nosotros y decidimos que como no se sabía cuál sería el resultado de la revisión del motor en Bogotá, mi presencia en Araracuara no era necesaria. Desde Panamá podría ser más útil con lo de piezas del motor durante su reparación en Bogotá, de darse la necesidad. Una vez en Leticia buscaría manera de retornar a Panamá. Al montarme en el DC-3 me sentí en cierto modo culpable de estar abandonando a mis socios de aventuras, pero aliviado de dejar atrás Araracuara y todo lo que significó.

Leandro y José se quedaron esperando el tan anunciado Hércules. Al final de once días llegó. El motor lo llevaron a Aero Reparaciones y se quedaron en Bogotá durante las dos semanas que duró la reparación total. El motor estaba en pésimo estado, todo ello atribuible a que el avión tenía más de tres años de estar abandonado antes de emprender este viaje. Al motor se le hizo una reparación completa que consistió en reemplazarle todas las piezas internas además del tubo respiradero cortado. Se probó en banco y se aceptó listo para operar.

El traslado del motor reparado fue una odisea que me perdí. Cuenta Leandro que salieron en caravana de Bogotá a Villavicencio en un camión de carga con el motor. A mitad de camino, la caravana es detenida por una supuesta patrulla de las FARC, pero bien pudieron haber sido bandoleros comunes. Como ellos venían de tercero en la fila detrás de dos autobuses repletos de pasajeros, quienes fueron despojados de todas sus pertenencias de valor y ya satisfechos, los forajidos los dejaron pasar sin revisarlos. ¡Qué premio más grande hubiese sido secuestrar a dos extranjeros para pedir un rescate!

En Villavicencio contrataron un DC-3 para trasladarse ellos con el motor, gasolina, aceite y provisiones para Araracuara. Volví a saber de Leandro cuando ya estaban en Bahía Blanca. Al no poder conseguir un piloto colombiano con licencia FAA, decidieron irse los dos solos. Aproximando Leticia, el tiempo se deterioró y el aeródromo estaba bajo condiciones IMC. Según Leandro, que de no haber sido por las continuas horas que pasamos en Araracuara revisando la aproximación por instrumentos de Leticia, no sabe qué hubiese pasado. Se sentía confiado y seguro de lo que estaba haciendo y logró aterrizar el avión en esas condiciones, su primera vez. De allí el vuelo siguió sin contratiempos y el motor les funcionó de mil maravillas. La parrillada se dio, pero con varias semanas de retraso, pero se dio. Y yo que tanto la apetecía.

Arriba: Leandro, José e Ibu en Cali, Colombia, preparándose para el vuelo a Tabatinga, Brasil.

Arriba 1: Leandro y José con vestimenta para el calor del trópico bajo revisión policial. Puerto Leguízamo, Putumayo, Colombia.
Arriba Centro: Pista de aterrizaje en el complejo militar de Araracuara, Caquetá, Colombia.
Arriba 3: Ibu con el Mooney averiado escoltado por soldados del Batallón de Infantería de Selva N-50.

Arriba: Ibu con el machete que salvó el día, acompañado por integrantes del Batallón N-50.

Abajo: Desmontando el motor del Mooney.

Arriba 1: Ibu en zona de conflicto armado. Caquetá, Colombia.
Arriba 2: El DC-3 que transportó Ibu a Leticia, Amazonas, Colombia.
Abajo: Leandro y José en frente del Cañón del Diablo, límite entre Caquetá y Amazonas, Colombia.

Epílogo

Después de ese fallido viaje a la Argentina, me he dedicado simplemente a volar por placer en mi Cessna 140A, un avioncito fabricado en 1951. Este clásico me lo encontré por casualidad en un rincón del aeropuerto de Paitilla en un estado deplorable de abandono en 1990. Pertenecía a un coronel de la USAF asignado a la base aérea de Howard. Lo había adquirido para restaurarlo, pero después de ser abaleado y canibalizado en el desorden que se vivió semanas después de la invasión estadounidense, decidió venderlo cómo y dónde estaba. El avión contaba con las bitácoras originales donde pude enterarme que tenía un recorrido impresionante. Había salido de la fábrica directamente para la Fuerza Aérea salvadoreña donde lo usaron para instrucción por varios años antes de venderse en Guatemala y luego en Costa Rica donde también se usó para instrucción. De ahí se trajo a France Field, Colón. Tuvo varios dueños que lo usaban para vuelos particulares más que todo por la costa caribeña. ¿Cómo podía yo, conociendo su recorrido, dejar que se perdiera esta reliquia con semejante historial? Me entusiasmé y me dediqué al proyecto de ponerlo a volar de nuevo. Con la ayuda de Isaac Martínez, mecánico conocido desde los tiempos en Changuinola, lo logramos en un año.

A pesar de haber tenido la oportunidad de volar otros aviones más modernos e imponentes, el Charlie 140 ha permanecido siendo un fiel y noble compañero por más de veinticinco años. Su uso se circunscribe a transporte personal y para introducir a aspirantes a pilotos a la aviación, permitiéndome devolver mucho de lo que recibí de otros aviadores a través de los años y a la vez me mantiene actualizado.

Reconozco que he sido afortunado en haberme iniciado en la aviación en una época donde las cosas eran descomplicadas y prácticas. El acceso que tuve a aviones, pilotos y aeropuertos alimentó y avivó ese entusiasmo. Mi trayectoria en la aviación ha sido una pasión encendida de principio a fin, marcada con el tipo de vuelo que me realizó: Itinerarios ni ruta establecidas, destinos exóticos y jamás imaginados, pasajeros y cargas poco ortodoxas, vuelos con propósitos de cumplimiento, y por último, satisfacción total antes, durante y después de cada vuelo.

¿Qué si me hubiese gustado estar al mando de sofisticadas y modernas aeronaves de las aerolíneas? ¡Claro que sí, que piloto no! Es más, le guardo admiración y respeto a quienes han llegado a esa cúspide en la aviación. Pero debo precisar que ese camino regimentado a lo mejor me hubiera restringido de esa independencia y aventura incierta que he logrado vivir.

Soy testigo que los sueños sí se realizan. Esa noche sobrevolando el Magdalena, reconocí que había llegado, que estaba donde siempre quise estar, en lo mío. Pero aún no puedo resistir volar. Sencillamente llegar no significó culminar. Sigo viviendo mi pasión por volar.

Arriba: ¿Cuál es el misterio? Ibu piloteando un 727 de Air Panamá.

Abajo: Ibu y el capitán Billy Earle en el aeropuerto de Tocumen.

Derecha: El maestro, Capitán Isauro Carrizo, *rechequeado* por su pupilo Ibu. 2017.

Notas

1 Primeros recuerdos

1-A Ground effect- Al estar volando una aeronave cerca del suelo, se aumenta la sustentación de las alas debido al desplazamiento de la masa de aire hacia abajo, resultando una fuerza en dirección opuesta. Los pilotos que operan en pistas cortas utilizan este efecto para poner a volar el avión. Al llegar al final de la pista se le aplica súbitamente la totalidad de los *flaps* causando que el avión se englobe y se mantenga volando a una velocidad lenta. A medida que se va adquiriendo velocidad se van retrayendo los *flaps* para entonces ascender. Es una maniobra efectiva, pero no se encontrará en ningún manual de operaciones del fabricante.

1-B Fallo en despegue del motor crítico- El piloto de Lacsa en este caso estaba ante un desbalance de potencias. Esto causó que el avión se lanzara hacia el lado izquierdo donde se había perdido la potencia del motor. Hacía lo que tenía que hacer para abortar el despegue: No salirse de la pista y detener el avión antes del final. Siendo que el DC-3 es un avión convencional, con la rueda direccional en la cola, hace que esta emergencia requiera mayor pericia de parte del piloto para controlar en tierra versus un avión triciclo con la rueda direccional en la nariz.

2 Un mundo aparte

2-A El DC-3- La Douglas Aircraft Company lanzó el DC-3 al mercado en 1937. La versión original era de pasajeros y posteriormente el C-47 fue la conversión militar con piso y fuselaje reforzado y con puerta ampliada para carga voluminosa. La mayoría de los Douglas que operaron en Panamá fueron C-47, acondicionados tanto para carga como para pasajeros. A ambos se les refiere comúnmente como DC-3.

3 El Campo

3-A Abacá- Planta familia del banano cuyo tallo es usado para fabricar sogas.

3-B Marcos A. Gelabert- En el libro *Corazón de águila* de Justo Arroyo, se afirma que Gelabert voló con la UFCo en Costa Rica durante los años de la Segunda Guerra Mundial, 1941-1945, cuando se prohibió la aviación no militar en Panamá. Por eso es posible que haya sido Gelabert el piloto de ese vuelo.

4 Vivencias en el aeropuerto

4-A James Red Grey- Expiloto de combate estadounidense durante la Segunda Guerra Mundial, que se radicó en la provincia de Chiriquí y participó en el desarrollo de la aviación panameña. Conocido como el Gallo Chiricano y célebre por haber acompañado al general Omar Torrijos en el último tramo del vuelo de México a Panamá, después de un cuartelazo militar en 1969.

5 Desarrollo aeronáutico

5-A Paitilla- Nombre usado para referirse al aeropuerto

Marcos A. Gelabert (M.A.G.), construido en 1929 y ubicado originalmente en el área de Paitilla, ciudad de Panamá, y trasladado a la antigua base militar Albrook en 1999.

8 Primer vuelo solo

8-A Ground loop- En la aviación hay dos tipos de aviones terrestres: convencionales y triciclos. El ground loop se asocia con los aviones convencionales, o de "patín de cola". Por estar el centro de gravedad detrás del tren principal, al estar rodando, despegando o aterrizando, la cola tiende a rotar en un plano horizontal hacia adelante. Si no se contrarresta esta tendencia de inmediato, se pierde el control del avión y ocurre el *ground loop*, que puede causar daño tanto a la hélice, el tren de aterrizaje y la punta de las alas, así como el ego del piloto.

8-B Palo y bola- Instrumento básico que indica si el avión está volando de manera coordinada, consultado especialmente en virajes. La bola en el centro lo afirma.

9 Feromonas en pleno vuelo

9-A Aterrizaje de tres puntos- Un aterrizaje en avión convencional en que las ruedas del tren principal y la de la cola tocan suelo simultáneamente.

14 Chuchú el chequeador

14-A El asiento izquierdo- En la cabina de un avión de dos tripulantes, tradicionalmente el asiento del piloto al mando es al lado izquierdo. Los aviones de un solo piloto diseñados a principio del siglo 20 contaban con motores rotativos y el torque producido por el motor hacía que girar a la izquierda fuera más fácil que a la derecha. Cuando se diseñaron aviones con dos asientos lado a lado, el asiento de la izquierda era exclusivamente para el capitán. Ese lado contaba con los instrumentos de vuelo y navegación. Este asiento también ofrecía mayor visibilidad durante los giros que se asumían serían más frecuentes por la izquierda, tomando en cuenta que los circuitos estándares para aterrizar eran, y aún son, girando a la izquierda. Posteriormente, en los inicios de la aviación comercial la navegación para desplazarse de un punto a otro consistía en orientarse siguiendo ferrocarriles o carreteras. Las aeronaves se mantenían al lado derecho de la línea por lo que el trafico contrario se pasaban del lado izquierdo. Nuevamente, estar ubicado en el lado izquierdo era una ventaja. Una vez se reglamentó la aviación, se estableció que el procedimiento para evitar una colisión de frente entre dos aviones requeriría un giro por la derecha por ambos para evitar estrellarse, procedimiento heredado del *Right of Way Rule* del mar. Los pilotos al mando, sentados del lado izquierdo tendrían una mejor visibilidad del otro avión y le permitiría evaluar la situación de manera más efectiva. Aún hoy con aviones que utilizan motores de reacción, donde el torque no es factor, el asiento izquierdo es reservado para el piloto al mando.

15 Sahsa

15-A Simulador de vuelo- Los simuladores de vuelo artificialmente simulan el vuelo de una aeronave de manera precisa y se usan para entrenar pilotos. Además de eliminar el peligro de practicar maniobras y procedimientos de emergencia en vuelo real, reduce el costo de entrenar tripulaciones para las aerolíneas. El primero fue diseñado y puesto en operación en 1929 por Edwin Link, y utilizado para entrenamiento militar desde un principio, pero no fue hasta 1934 cuando la FAA lo aprobó. *United Airlines* fue la primera aerolínea comercial que lo usó como herramienta de entrenamiento en 1954.

16 Sembrador de nubes

[16-A] La siembra de nubes- De manera abreviada, consiste en introducir partículas de sal o hielo seco u otros componentes químicos a una nube para estimular la precipitación. Es un proceso que según sus detractores no ha sido comprobado científicamente como efectivo.

[16-B] Presurización- Las aeronaves con cabinas presurizadas cuentan con un sistema que permite mantener la presión atmosférica en la cabina de pasajeros y de pilotos a un nivel equivalente a entre 6,000 a 8,000 pies al volar a altitudes mayores, permitiendo a las tripulaciones y pasajeros no tener que usar de máscaras de oxígeno.

[16-C] Hipoxia- La causa de hipoxia es la falta de suficiente oxígeno en la sangre para mantener una función fisiológica normal. En aviación la causa más común de hipoxia es volar en aeronaves no presurizadas a más de 12,000 pies de día o 10,000 pies de noche sin oxígeno por periodos extendidos. El cansancio, fatiga y euforia son los primeros signos y síntomas detectables, seguidos por impedimento de ejecutar tareas manuales y mentales sencillas. La hipoxia es indolora y lo peligroso es que los signos y síntomas pueden desarrollarse de manera gradual y pudiesen estar ya establecidos antes de uno reconocerlos. El resultado final de la hipoxia es la pérdida de conocimiento.

27 El aventurero

[27-A] Sistema eléctrico de una aeronave de pistón- Una vez el motor está andando, el generador o el alternador entra a alimentar el sistema eléctrico a través de la batería. Restablece la carga perdida en el arranque a la batería mientras que el regulador de voltaje mantiene esa carga en un rango específico operativo. De darse un daño o falla en el sistema eléctrico en vuelo, el funcionamiento del motor no es afectado, pues el motor produce su propia electricidad a través de sus magnetos, que le proporcionan la chispa a las bujías que causan las detonaciones en los cilindros. Estas explosiones desplazan los pistones que giran el cigüeñal acoplado a la hélice, que a su vez, la gira. Una falla en el sistema eléctrico solamente afectaría los componentes de comunicación, navegación y luminaria, pero aun así, la batería le supliría la corriente eléctrica por determinado tiempo, dependiendo en la capacidad de las horas-amperaje de la misma.

34 Cuatro barras

[34-A] El techo operacional- Para una aeronave de pistón es la altitud donde se puede ascender a un régimen máximo de 100 pies por minuto. Para aviones con motores a reacción es de 500 pies por minuto. Mientras que el techo absoluto es la máxima altitud donde la aeronave puede mantener vuelo nivelado y donde su régimen de ascenso se reduce a cero.

36 Reclutamiento y entrenamiento

36-A El Plan Colombia- Inicialmente el Plan Colombia fue una iniciativa diplomática propuesta por el presidente colombiano Andrés Pastrana en 1998 para combatir a los cárteles de droga y los grupos insurgentes izquierdistas en territorio colombiano con apoyo estadounidense. Con la firma de los presidentes Pastrana y Clinton, el Plan se implementó en 1999 con miras claras de crear una estrategia anticocaína. Con el tiempo fue convirtiéndose en apoyo militar para acabar con el conflicto armado en Colombia. Críticos de la iniciativa arguyen que el Plan no prosperó dada la influencia marcada de los grupos para-militares derechistas en el Ejército Colombiano. La fumigación aérea para erradicar los cultivos de coca también fue cuestionada por lo dañino que era la aplicación del herbicida Glifosato para las personas, animales y los cultivos legales. Los argumentos a favor de la fumigación aérea eran que prevenían muertes y lesiones a los soldados encomendados a arrancar las plantas manualmente, debido a las minas colocadas dentro de los cultivos por las FARC. En algunos círculos se considera que el Plan jugó un papel determinante en presionar a las FARC a un diálogo y a la firma de un acuerdo para acabar con la lucha armada.

36-B Runway Touchdown Zone Markings- Las marcas en las pistas varían dependiendo del uso o tipo de pista. En el caso mencionado durante el *chequeo* ATP, el examinador esperaba que yo tocara ruedas para el aterrizaje corto en la zona demarcada (*Runway Touch-*

down Zone Marking) a 500 pies del umbral. Esta zona está demarcada con dos anchas bandas pintadas de blanco paralelas al lado del centro de la pista. Yo toqué en el umbral, pensando impresionar, no sé. No califiqué.

37 Instancias diversas

37-A Información sobre la tragedia del río Curaray- https//en.wikipedia.org/wiki/Operation_Auca

Sobre esta tragedia se filmaron dos películas: *End of the Spear* y *Beyond the Gates of Splendor*. A manera de interés, la película *End of the Spear* fue filmada en gran parte en Panamá. Las escenas de río que aparecen supuestamente del río Curaray fueron tomadas en el río Chagres aguas arriba del lago Alhajuela con apoyo de Jaime Fábrega M. volando a los camarógrafos en un helicóptero Bell Jet Ranger de Helix SA.

39 Picardía mexicana

39-A JB- Después de EHA, JB se fue a volar con otro contratista, Blackwater, en Afganistán. El avión que tripulaba en un vuelo nocturno desapareció del radar pero los detalles de la investigación oficial aún no han sido hechos públicos. Existen indicios que pudo haber sido una colisión con un dron.

39-B La Escopolamina- Derivada de una planta tropical, esta droga al ser asimilada por la persona hace perder la memoria de los hechos casi inmediatamente por varias horas y hasta días. Usualmente es suministrada vía bebidas, comidas y hay casos reportados que hasta por olfato. Además de perder la memoria, la persona queda vulnerable y con su voluntad anulada por completo. Este narcótico es conocido en Colombia como Burundanga, o aliento del diablo.

40 Misión rechazada

[40-A] El 13 de febrero de 2003, las FARC capturaron a tres civiles estadounidenses contratados por el Plan Colombia, Keith Stansell, Marc Gonsalves, y Tom Howes, quienes tuvieron que hacer un aterrizaje forzoso por fallo mecánico en un Cessna Caravan C-208. El piloto Tommy Janis y el enlace colombiano, el sargento Luis Alcedes Cruz, fueron ejecutados en sitio.

41 Clausura de una etapa

[41-A] Brad- Brad estaba empecinado en lograr entrar en el medio de las telenovelas novelas colombianas como actor. Estuvo cerca pero al final no lo logró por cerrar EHA operaciones en Latinoamérica. Eventualmente lo contrataron para actuar en la serie televisiva *Dangerous Flights*. Brad falleció resultado de un cáncer en 2013.

[41-B] Narco-submarino- El ejemplar en Tumaco medía 20 metros de eslora, tenía capacidad para cargar diez toneladas de cocaína, se desplazaba a 18 nudos impulsado por motores diesel, y era tripulado por cuatro personas. El costo de fabricar uno de estos submarinos se estima en dos millones de dólares, pero el valor del cargamento podía llegar a superar los cuatrocientos millones. El alcance del submarino capturado era de 2,000 millas náuticas. Los materiales de construcción consistían de madera comprimida y fibra de vidrio. Para navegar contaba con un aparato portátil GPS, un tubo respiradero y un periscopio. El viaje de la costa colombiana a la panameña, centroamericana o mexicana toma entre tres a siete días. El premio por "coronar" con este cargamento es tal que abundaban voluntarios para sumarse a esta odisea. No existen estadísticas de la efectividad ni pérdida de estos submarinos, pero las autoridades navales colombianas calculan que más de la mitad no llegaban a su destino.

44 Puerto Leguízamo

[44-A] Región tropical- El trópico, conocida como zona tórrida, es la región incluida entre dos latitudes paralelas: 23.5° N (trópico de Cáncer) y 23.5° S (trópico de Capricornio).

45 Refugio selvático

[45-A] Araracuara- La Colonia Penal y Agrícola del Sur, en un tiempo la más temida prisión de Colombia, operó desde 1937 hasta 1971 en Araracuara, límite de los Departamentos del Caquetá y Amazonas, en el corazón de la selva. Su acceso está limitado al río Caquetá o por aire. Según la historia, fueron los reos que a punta de mazo y cincel emparejaron la cubierta de laja que es usada como pista de aterrizaje. Posterior a su abandono como colonia penal esta pista era manejada por la guerrilla y el narcotráfico y lo que antes era una cárcel para criminales fue usada para albergar secuestrados. En 2003, el Ejército Colombiano junto con el ejército estadounidense cerró este corredor estratégico de los grupos armados al margen de la ley haciendo que éstos se replegaran hacia la selva. Hoy este sitio es fuertemente custodiado por el Ejército Colombiano. Recomiendo visitar en YouTube donde se podrá apreciar el Cañón del Diablo en aproximaciones a la pista de Araracuara: DC-3 llegada

Araracuara, Caquetá, Colombia, donde aparece el HK-3286, otrora HP-86, avión insigne de Copa.

Escritos sobre la aviación en Panamá

Alvarado, Pat. *Vuelo épico * Epic Flight*. Piggy Press Books, 2012.

Armbruster, Edwin D. *Unusual Attitudes*. Xlibris, LLC, 2014.

Arroyo, Justo. *Corazón de águila*. La Boina Roja, 1996.

Burdne, Maria Schell. *The Life and Times of Robert Fowler*. Borden Publishing Company, 1999.

Carrizo, Isauro. *Grandes personajes de la aviación panameña*. Imprenta Universitaria, 2012.

Carrizo, Isauro. *Historias cortas de la aviación*. Editora Sibauste S.A., 2009.

Hagendorn, Dan. *Alae Supra Canalem*. Turner Publishing Company, 1995.

Hagendorn, Dan. *Conquistadors of the Sky*. University of Florida Press, 2008.

Kursen, William A. *Flying the Andes*. University of Tampa, 1997.

Martínez, José de Jesús. *Teoría de vuelo*. Centro de Educación Educativa, 1979.

Sarasqueta, Germinal. *Aeropuerto de Paitilla*. Aero Publicaciones, 2003.

Sarasqueta, Germinal. *De la carreta a la avioneta*. Aero Publicaciones, 2014.

Sarasqueta, Germinal. *Inmortales de la aviación panameña*. Aero Publicaciones, 2012.

Sarasqueta, Germinal. *Momentos memorables de la aviación panameña*. Aero Publicaciones, 2013

Toral, Octavio M. *El comienzo de la aviación en la

República de Panamá. 1999.

Véliz, Moisés. *Alas cordiales.* 2001.

Véliz, Moisés. *Copa en el siglo 21.* Panamericana Formas e Impresos S.A., 2012.

Agradecimientos

Muchos aportaron para hacer de este libro lo más apegado a los acontecimientos que aquí aparecen. Le debo agradecimiento a las siguientes personas:

Elsie Howard y los capitanes Guillermo Earle y Miguel von Seidlitz quienes vivieron los años del apogeo de la aviación en Changuinola me refrescaron la memoria y aclararon conceptos técnicos. Le debo especial agradecimiento al capitán Earle y a Germinal Cholín Sarasqueta por haber revisado detalladamente el manuscrito.

Clyde Stephens, Carlos Medina, Dania Rivera y los pilotos fumigadores Nemesio Ledesma y Tam Syme contribuyeron con verificación de fechas, datos y fotografías del principio de la fumigación aérea en Changuinola.

Gustavo Tato Cuervo, partícipe de los años de mi formación en Paitilla, fue consultado reiteradamente. Bolívar Chaparro Serrano compartió su inmensa memoria de eventos y personajes de la época.

Los autores de las publicaciones que aparecen al final del libro, que al leerlos, me animaron a seguir escribiendo.

Y por último, el proyecto no se hubiese terminado sin el empuje y dedicación de la editora de Cecropia Press, Pat, mi esposa y compañera de estas vivencias desde su inicio, por diagramar, editar y publicar este libro. Mi gratitud por mantenerme enfocado.

LAK, 2017

El aviador
Luis A. Alvarado K.

IBU empezó a relacionarse con la aviación apenas regresó graduado de la universidad y no ha interrumpido esa dedicación desde entonces. La aviación siempre ha formado parte de su vida desde la temprana edad de cinco años. Este compendio de narraciones se destaca por riquezas en camaradería, humor, sobresaltos y algunas severas realidades que hacen de la vida de un aviador algo complejo.

Cecropia
Press

cecropiapress.com

www.ingramcontent.com/pod-product-compliance
Lightning Source LLC
LaVergne TN
LVHW041331080426
835512LV00006B/392